Josef Kirschner, geboren 1931, verheiratet, Vater von zwei Söhnen, lebt in Wien und auf einem kleinen Bauernhof im Burgenland. Er berät Leistungssportler, Manager und Medien. Mit Psychologen gründete er in dem Kurort Bat Tatzmannsdorf eine »Lebensschule«. Dort trainierte er in Seminaren mit den Teilnehmern das glückliche Leben im Alltag und Techniken der Problembewältigung. Josef Kirschners Bücher wurden bis jetzt in sechs Ländern verlegt. Gesamtauflage über zwei Millionen.

Von Josef Kirschner sind außerdem als Knaur-Taschenbücher erhältlich:

»Die Kunst, ein Egoist zu sein« (Band 7549)
»So plant man sein Leben richtig« (Band 7720)
»So hat man mehr Spaß am Sex« (Band 7719)
»So lernt man, sich selbst zu lenken« (Band 7718)
»So wehrt man sich gegen Manipulation« (Band 7716)
»So lebt man glücklich – ohne Heirat« (Band 7740)
»So macht man auf sich aufmerksam« (Band 7741)
»So nutzt man seine eigenen Kräfte besser« (Band 7742)

Originalausgabe 1988
© 1988 Droemersche Verlagsanstalt Th. Knaur Nachf., München
Das Werk einschließlich aller seiner Teile ist urheberrechtlich geschützt.
Jede Verwertung außerhalb der engen Grenzen des Urheberrechtsgesetzes ist ohne Zustimmung des Verlages unzulässig und strafbar.
Das gilt insbesondere für Vervielfältigungen, Übersetzungen, Mikroverfilmungen und die Einspeicherung und Verarbeitung in elektronischen Systemen.
Umschlaggestaltung Adolf Bachmann
Gesamtherstellung Ebner Ulm
Printed in Germany   5 4 3 2 1
ISBN 3-426-07743-4

Josef Kirschner:
So lernt man, sich selbst zu lieben

Achtzehn Anregungen
für das persönliche Glück

Lieber Leser,

es würde mich sehr wundern, wenn Sie bei der Vorstellung, »sich selbst zu lieben«, nicht ein gewisses Unbehagen verspürten. Selbstliebe und Egoismus sind unmoralisch, verboten und verpönt. So hat man es uns ein Leben lang eingeredet. Wir wurden zu Achtung für den Staat, die Religion, die Obrigkeit und den Mitmenschen erzogen. Und zur *Mißachtung* unserer selbst.

Deshalb heucheln wir auch unentwegt Mitleid mit den Armen und Nächstenliebe, um vor der Gesellschaft als gute Menschen zu gelten. Wir verleugnen uns selbst, um von anderen anerkannt zu werden. Wir strahlen nach außen hin und verzweifeln nach innen.

Wir suchen ein Leben lang nach jemanden, der uns liebt, und wundern uns, daß dieses Bemühen fast immer mit einer Enttäuschung endet.

Warum?

Ganz einfach: Weil es nur eine einzige Art von langfristig glückbringender Liebe gibt – die Liebe, die bei uns selbst beginnt. Wie sollte auch ein Mensch jemand anderen lieben können, bevor er nicht imstande ist, sich selbst zu lieben?

Wie viele Menschen heiraten mit keiner anderen Vorstellung auf der Zunge, als dem zu Tränen rührenden: »Wir lieben uns ja so wahnsinnig. Alles andere wird sich schon irgendwie von selbst ergeben.«

Auf diese Weise heiraten sie im Himmel der Liebe und werden schon ein paar Jahre später in der Hölle gegenseitiger Beschuldigungen wieder geschieden.

Der vorliegende Ratgeber ist ein Versuch, den interessierten Leser anzuregen, seine persönliche Vorstellung des Begriffes *Liebe* kritisch zu überdenken.

Vielen mag dieses Unterfangen gefährlich erscheinen. Schließlich wird ein Tabu angekratzt. Ein Rettungsanker wird in Frage gestellt, an den sich Millionen Menschen klammern, die unfähig sind, ihr Leben auf solidere Säulen zu bauen als auf die vage Hoffnung, daß die Liebe irgendwie ein Wunder bewirkt.

Solide Säulen sind:

- Ein persönlicher Lebensplan.

- Techniken, sich selbst zu lenken.

- Die Entschlossenheit, sich der Mitwelt gegenüber durchzusetzen und sich möglichst wenig von anderen zu deren Vorteil manipulieren zu lassen.

- Seine Stärken zu kennen, zu entwickeln und für sein tägliches Glück einzusetzen.

Und schließlich:

- Die Fähigkeit, sich selbst zu mögen, zu respektieren und mehr zu lieben als irgend jemand anderen in der Welt.

Um es noch einmal zu betonen: Anregungen wie jene zu Selbstliebe und Egoismus mögen nach respektloser Provokation klingen in einer Zeit heuchlerischer Parolen wie:

- Seid doch alle nett zueinander.

- Sei für deinen Nächsten da.

- Bringe Opfer für andere.

- Und so weiter und so fort.

Ganz ehrlich: Haben Sie nicht auch schon oft gedacht, daß alle diese schönen Sprüche im Grunde genommen abgrundtief verlogen sind? Wissen wir nicht alle längst, daß wir von Natur aus Egoisten sind, die nichts mehr wollen, als eine möglichst große Portion vom süßen Lebenskuchen für sich abzuschneiden?

Wenn es nicht anders geht, dann selbstverständlich auch auf Kosten anderer.

Das ist die Realität, in der wir leben und empfinden. Es ist die Realität des natürlichen Bedürfnisses in jedem von uns nach persönlichem Glück, egoistischem Erfolg und Befriedigung unserer Bedürfnisse.

Vielen von uns ist die Fähigkeit, sich selbst zu lieben, aberzogen worden. Sich selbst mehr zu lieben als irgend jemand anderen – diese Vorstellung ist nahezu automatisch mit Schuldgefühlen verbunden.

Warum?

Weil man uns zum Leiden und zum Opferbringen erzieht. Alle wollen, daß wir für sie etwas tun: die Familie, die Ehepartner, die Firma, der Staat, die Kirche, die Gewerkschaft, die Partei und auch der Schützenverein.

Wer will eigentlich ohne Hintergedanken, daß wir uns selbst etwas Gutes tun?

Niemand will es.

Wenn andere uns versichern, wie sehr sie uns lieben, dann wollen sie damit, daß wir ihre Liebe zu ihrer Befriedigung erwidern. Mit der Bedingung, daß wir nur sie lieben und sonst niemanden. Andernfalls würden wir der Untreue bezichtigt und mit Schuldgefühlen bestraft.

Wenn wir selbst die Liebe eines anderen Menschen suchen, ist die Abhängigkeit, die wir uns schaffen, keineswegs geringer. Denn im Grunde genommen suchen wir dann jemand anderen, der uns das Bedürfnis nach Liebe, Geborgenheit und Zufriedenheit erfüllt, das wir uns selbst nicht zu geben vermögen.

Von einem anderen Menschen die Liebe zu erwarten, die wir uns in romantischen Träumen ausmalen, ist nichts anderes als ein Versuch der Flucht vor uns selbst, der immer nur tragisch enden kann.

Kein Mensch kann auf längere Zeit in der Realität des täglichen Zusammenlebens jene Illusionen erfüllen, die wir in ihn projizieren.

Wenn also niemand wirklich auf Dauer unser Bedürfnis nach Liebe erfüllen kann, bleibt nur ein einzig wirklich brauchbarer Weg: Wir lernen, uns selbst zu lieben.

Es gibt vier Stufen auf diesem Weg:

Erste Stufe: Wir lernen uns so kennen, wie wir wirklich sind. Statt uns immer nur als den zu sehen, als den uns die anderen sehen möchten.

Zweite Stufe: Wir fällen ein für alle Male die Entscheidung, uns so zu akzeptieren, wie wir sind. Mit unseren Vorzügen, aber auch mit unseren Fehlern. Mit unserer Schönheit und unserer Häßlichkeit. Mit unseren unmoralischen Träumen genauso wie mit unserem Körpergewicht, unseren Schwächen und den Falten des Alters im Gesicht.

Dritte Stufe: Wir lernen, mit diesem unseren Ich tagaus, tagein in Frieden zu leben, uns zu glauben, zu vertrauen und uns selbst zu lieben, bis zum letzten Augenblick unseres Lebens. Statt Versprechungen zu vertrauen, die in der Euphorie des Augenblicks gemacht wurden.

Vierte Stufe: Wir bekennen uns zu diesem Prinzip der Selbstliebe uns und unserer Mitwelt gegenüber, damit wir nicht mehr länger nach außen unser wahres Ich verleugnen müssen.

Auf den folgenden Seiten finden Sie achtzehn Anregungen, wie Sie diesen Weg beschreiten können.

Achtzehn Anregungen, sich Tag für Tag ein wenig mehr zu lieben

1.

Überlegen Sie doch einmal, was Ihnen die Liebe in allen diesen Jahren bedeutet hat.

2.

Versuchen Sie, statt »Ich liebe dich« ganz einfach einmal »Ich liebe *mich*« zu denken.

3.

Finden Sie einen überzeugenden Grund, warum Nächstenliebe für Sie wichtiger sein soll als Selbstliebe.

4.

Machen Sie sich bewußt, ob Sie nicht mehr zur Selbstverleugnung als zur Liebe erzogen wurden.

5.

Analysieren Sie doch einmal, was Sie erwartet, wenn Sie sich nach Liebe sehnen.

6.

Gestehen Sie es sich ein, wenn Sie die Liebe eines anderen Menschen nur deshalb suchen, um vor sich selbst davonzulaufen.

7.

Lernen Sie die vier Schritte kennen, sich selbst lieben zu lernen.

8.

Versuchen Sie es mit dem ersten Schritt auf dem Wege zu sich selbst.

9.

Fangen Sie in täglichen kleinen Schritten damit an, die Beziehung zu sich selbst zu verbessern.

10.

Versuchen Sie, aus der täglichen Viertelstunde mit sich selbst das Beste zu machen.

11.

Gehen Sie der eindeutigen Entscheidung nicht aus dem Weg, ein Bekenntnis abzulegen.

12.

Machen Sie sich mit der Vorstellung vertraut, daß man Liebe lernen und trainieren kann – wie alles andere im Leben auch.

13.

Versuchen Sie einmal, sich darüber klar zu werden, was Liebe mit Erpressung zu tun hat.

14.

Überprüfen Sie doch einmal kritisch, was Sie bisher aus diesem Band erfahren haben.

15.

Alle Ratschläge für körperliche Liebe sollten mit dem Vorschlag beginnen: »Lerne deinen eigenen Körper zu lieben.«

16.

Haben Sie schon einmal darüber nachgedacht, was eine Ehe glücklich macht? Tun Sie es.

17.

Prüfen Sie, ob Sie nicht in andere Menschen Erwartungen setzen, die Sie selbst nicht erfüllen könnten.

18.

Spüren Sie dem Einfluß nach, den Treue und Eifersucht auf die Liebe haben.

Einige Hinweise, wie Sie aus diesem Band das Beste für sich herausholen können

Die achtzehn Anregungen, die auf den vorangegangenen Seiten aufgelistet sind, werden im Folgenden näher beschrieben.

Mit Teilnehmern von Lebensschule-Seminaren wurde vor einigen Jahren der Versuch gemacht, sich an jeweils einem Tag eine der Anregungen als eine Art Tagesmotto vorzunehmen.

Man liest die Anregung in diesem Ratgeber mehrere Male am Tag, wenn immer sich eine Gelegenheit bietet. Dann zieht man sich an einen ruhigen Ort zurück und denkt darüber nach, wie man die Anregung für sich nützen könnte.

Manche der erwähnten Seminar-Teilnehmer gestalteten die Beschäftigung mit dem jeweiligen Tagesthema zu einer Art täglichen Gebets- oder Meditations-Viertelstunde.

Sie setzten sich an einen ruhigen Ort, entspannten sich, atmeten fünf-, zehnmal tief und ruhig und lasen den Text. Dann nahmen sie einen Block oder ein Arbeitsheft zur Hand und schrieben alles auf, was ihnen dazu in bezug auf sich selbst einfiel.

Welche Art der Beschäftigung mit diesem Ratgeber

Sie auch wählen, eines sollten Sie wissen: Hier finden Sie nur *Anregungen*, Gedanken, Erkenntnisse. Es liegt an Ihnen, was Sie für sich daraus machen.

Ob Sie Entscheidungen fällen, die vielleicht Ihr zukünftiges Leben verändern, oder ob Sie bloß meinen: »Na ja, klingt ja alles ganz vernünftig, was ich da lese, aber für mich ist nichts Passendes dabei.«

Sein persönliches Glück zu finden, heißt nicht mehr und nicht weniger, als seinen eigenen individuellen Weg zu gehen. Seine eigene Zuneigung zu erringen, sich zu mögen und zu akzeptieren, ist eine genauso persönliche Sache.

Es gibt kein allgemeingültiges Rezept dafür.

Außer vielleicht dieses: Wenn wir das größte Glück für uns selbst im Leben erlangen wollen, müssen wir den größtmöglichen Einsatz dafür leisten. Was wir nur halbherzig betreiben, bringt auch nur halbe Freude, Befriedigung und halbes Glück.

Und noch etwas: Liebe ist weder ein Wunder noch ein Zufall. Sie ist erlernbar. Für jeden von uns. Vorausgesetzt, wir sind bereit zu lernen.

Vielleicht ist »So lernt man, sich selbst zu lieben« imstande, Sie von dieser Behauptung in 18 kleinen Schritten zu Ihrem eigenen Vorteil davon zu überzeugen.

1. Anregung:

Überlegen Sie doch einmal, was Ihnen die Liebe in allen diesen Jahren bedeutet hat

Vermutlich wurde in den vergangenen Jahrzehnten, vielleicht sogar Jahrhunderten, keine Komponente des menschlichen Zusammenlebens so sehr mißbraucht, mißverstanden und entwertet wie jene, die man »Liebe« nennt.

Haben Sie sich schon einmal die Zeit genommen, ernsthaft darüber nachzudenken, was das eigentlich für Sie persönlich bedeutet – Liebe?

Vielleicht fallen Ihnen jetzt sofort einige dieser Standardantworten ein wie:

- »Ach ja, ein einziges Mal in meinem Leben, da war ich wirklich verliebt, aber . . .«

- Oder: »Liebe? Ja, das ist etwas Wunderbares.«

- Oder: »Ohne Liebe wäre diese Welt gar nicht zu ertragen.«

Phrasen, nichts als Phrasen.

Wenn Sie die Lektüre dieses Bandes wirklich dazu

benützen möchten, um mehr über sich und die Liebe zu erfahren, dann sollten Sie sich mit solchen inhaltlosen Allgemeinplätzen nicht zufrieden geben.

Beantworten Sie sich ganz einfach einmal diese klare Frage: »Was hat mir persönlich in meinem bisherigen Leben diese angeblich so wunderbare Liebe gebracht?«

– Ein paar schöne Stunden?

– Nichts als Enttäuschung?

– Gibt Sie Ihrem Leben einen tieferen Sinn, ein Glückserlebnis, das Sie jeden Tag aufs neue erfüllt?

– Oder ist diese Liebe etwas, auf das Sie bisher vergeblich gewartet haben. Ohne zu wissen, was Sie tun könnten, um sie irgendwann einmal doch noch zu erfahren?

Wenn Sie diese Fragen durchlesen, werden Sie vermutlich versucht sein, den Antworten auszuweichen. Mit Argumenten wie: »Aber so kann man die Liebe doch nicht sehen.«

Fragen Sie sich doch, warum es Ihnen nicht leichtfällt, die oben angeführten Fragen klar zu beantworten, obwohl Ihnen dieses Wort »Liebe« ja geläufig ist.

Kaum ein Tag vergeht, ohne daß es von irgend jemanden bemüht wird. In Zeitungen und Fernsehserien, in

Romanen und Liedern. Natürlich spielt dieses Wort eine wichtige Rolle in unseren Gedanken und Sehnsüchten.

Ist »Liebe« für Sie persönlich etwas, das Sie in einem goldenen Käfig Ihrer Phantasie halten wie einen Wellensittich, der nie ins Freie entkommen darf, weil er dort den brutalen Gesetzen des Überlebens längst nicht mehr gewachsen ist?

Sie wären mit dieser Einstellung nicht allein.

Ungezählte Menschen halten sich das »Wunder Liebe« wie ein Haustier oder als alles stechenden Jolly Joker im rüden Spiel des realen Alltagslebens.

Liebe, das ist die Sehnsucht auf ein besseres Morgen.

Enttäuschte Liebe ist die Rechtfertigung für das Schwelgen in Selbstmitleid.

»Du liebst mich nicht« ist die Schuldzuweisung an einen Partner für das eigene Versagen.

»Ich liebe dich« ist der Versuch, einen anderen zu unterwerfen.

Dies und noch vieles mehr verstehen die Menschen unter diesem einen Wort. Sie benützen es als Rechtfertigung für ihre Verlogenheit, als Entschuldigung für ihr Versagen, sie verdienen Geld damit, betrügen und zerstören.

Trotzdem fallen Tag für Tag ungezählte arglose Bürger jeden Alters immer wieder darauf herein. Und das in einer Zeit, in der wir zivilisierten Menschen angeblich mehr wissen als je zuvor, in der wir reifer, freier und aufgeklärter sind.

Was denken Sie jetzt, nachdem Sie alles das gelesen haben?

Denken Sie: »Das möchte ich alles gar nicht wissen. Für mich ist und bleibt die Liebe das edelste, schönste Gefühl, zu dem der Mensch fähig ist?«

Denken Sie das? Oder so ähnlich?

Wenn ja, gehören Sie zu jenen Leuten, die im Zusammenhang mit dem Begriff »Liebe« nur das zur Kenntnis nehmen, was sie wissen wollen.

Sie *wollen*, daß die Liebe wunderbar ist, das Größte, das Unaussprechliche, das alles Überstrahlende. Es ist Ihnen vollkommen gleichgültig, daß es diese Liebe, die Sie sich da konstruiert haben, tatsächlich gar nicht gibt.

Könnte es möglich sein, daß Sie deshalb nicht über den Begriff »Liebe« kritisch nachdenken wollen, weil Sie Angst davor haben, Sie müßten sich dann ein paar Tatsachen eingestehen, die Ihnen unangenehm sind?

Als in einem Seminar der Lebensschule über dieses Thema ein 26 Jahre alter Ehemann beharrlich mit dieser Frage konfrontiert wurde, gab er schließlich zu: »Ich erkenne jetzt, daß ich nicht nur mir, sondern auch meiner Frau seit Jahren einzureden versuche, daß wir uns noch immer genauso lieben wie am Anfang unserer Ehe. Aber insgeheim ist mir längst klar, daß das eine fromme Lüge ist. Ich habe mich nur mit Händen und Füßen dagegen gewehrt, es einzugestehen.«

Denken Sie heute, am besten gleich jetzt, nachdem Sie das alles gelesen haben, darüber nach, wie Sie zur »Liebe« stehen. Was hat sie Ihnen gebracht?

Nehmen Sie sich zehn oder fünfzehn Minuten Zeit. Nehmen Sie einen Block oder ein Heft und schreiben Sie auf, was Ihnen zu dieser Frage einfällt.

Das Aufschreiben hindert uns daran, uns in nebensächlichen Gedanken zu verlieren und dem Kern der Frage auszuweichen.

Es kann natürlich sein, daß Sie jetzt ein wenig ungeduldig denken: »Ja, ja, das wäre schon ganz interessant. Aber jetzt im Moment habe ich keine Zeit dafür.«

Die fehlende Zeit gehört – das sollten Sie wissen – zu den häufigsten Entschuldigungen dafür, etwas nicht zu tun, was wir »wahnsinnig gern« tun möchten. Dem wir aber beharrlich aus dem Wege gehen, weil wir uns vor einer Wahrheit fürchten.

2. Anregung:

Versuchen Sie, statt »Ich liebe dich« ganz einfach einmal »Ich liebe mich« zu denken

Wenn Sie die vorangegangene Anregung gelesen und darüber einige Zeit ernsthaft nachgedacht haben, wurden Sie vielleicht den Eindruck nicht los, es sollte hier die Liebe ganz allgemein schlechtgemacht werden.

Hatten Sie diesen Eindruck? Oder dachten Sie: »Ja, das alles stimmt schon. Ich habe mich immer nur davor gescheut, es mir einzugestehen.«

Lassen Sie uns heute eines klarstellen: Niemand kann ein Problem bewältigen, wenn er sich ständig einredet, dieses Problem gäbe es gar nicht. Andererseits ist das *Erkennen* eines Problems der erste Schritt zu seiner Lösung.

Wenn Sie also beispielsweise mit sich selbst nicht ins reine kommen, wenn Sie sich nicht mögen, weil sie zu dick, zu schwach, zu schüchtern, zu häßlich oder auch sonst ganz anders sind, als Sie sein möchten, dann können Sie dieses Problem nur dadurch lösen, daß Sie sich einige nüchterne, vielleicht sogar brutale Fragen stellen.

Die Schlüsselfragen in diesem Falle sind:

- Wer bin ich wirklich?

- Was will ich?

Das ist der Anfang für eine Antwort auf die Frage: »Warum mag ich mich denn ganz einfach nicht so, wie ich bin?«

Stellen Sie sich doch gleich einmal die Frage: »Liebe ich mich?« Denken Sie darüber nach, auch wenn es für Sie ungewohnt sein sollte.

Hier sind die Antworten einer Teilnehmerin an einem Lebensschule-Seminar, die sie auf ihren Notizblock schrieb:

»Ich liebe mich nicht, weil es an mir nichts zu lieben gibt. Ich bin zu alt, zu dick und unfähig, am Morgen pünktlich aufzustehen. Ein Leben lang wollte ich so sein wie meine größere Schwester. Aber ich habe es nie geschafft.«

So ging es drei Seiten lang, als wollte sich diese junge Frau gleich auf einmal alle ihre Sorgen von der Seele schreiben.

Ein Satz ist vermutlich der Schlüssel zu ihrem Problem. Der Satz: »Ein Leben lang wollte ich so sein wie meine große Schwester.«

Wir möchten so sein wie jemand anderer, den wir uns aus irgendwelchen Gründen zum Vorbild nehmen –

oder den uns andere Leute als Vorbild hinstellen. Weil wir es niemals schaffen, so zu sein, verlieren wir das Vertrauen in uns, hassen uns sogar und resignieren in dem Bemühen, unser eigenes Leben zu führen.

Mein eigenes Leben führen. Nicht das Leben meiner großen Schwester, meines genialen Bruders oder des Fernsehhelden X.

Was bedeutet dieses So-sein-wollen-wie-Andere? Es bedeutet, daß wir uns nie mit uns selbst angefreundet haben. Wir haben andere bewundert, aber nicht uns selbst. Wir haben bei anderen deren Vorzüge bewundert und uns mit ihnen verglichen.

Wenn wir sagen: »Ich suche einen Menschen, den ich wirklich lieben kann«, oder: »Ich suche einen Menschen, der mich wirklich liebt«, dann wollen wir doch im Grunde genommen nichts anderes, als bei oder mit jemand anderem etwas finden, was uns allein fehlt: Liebe. Was immer wir darunter verstehen.

Ist es nicht so?

Haben Sie schon einmal darüber nachgedacht, daß die Suche nach der Liebe bei anderen Menschen nichts anderes sein könnte als die Flucht vor uns selbst?

Wir möchten wenigstens jemand anderen lieben, wenn wir es schon nicht schaffen, uns selbst zu lieben.

Die vorhin erwähnte junge Dame faßte im Laufe ihrer

Auseinandersetzung mit dem Problem »Ich liebe mich nicht« folgenden Entschluß: »Wenn ich schon nicht im Vergleich mit meiner Schwester bestehen kann, dann beschließe ich wenigstens, mich so zu akzeptieren, wie ich eben bin.«

Jemand half ihr mit dem Argument weiter: »Weil es ja keine zwei Menschen auf dieser Welt gibt, die einander völlig gleich wären, ist jeder von uns einmalig. Also bist auch du ein einmaliges Exemplar. Du bist einmalig, unvergleichlich. Also bist du auf deine Art schön, wenn du dich als schön akzeptierst.«

Ein gutes Argument als Grundlage dafür, sich so zu mögen, wie man ist. Finden Sie nicht auch?

Dabei ist es ja so, daß wir unseren Fehlern und Schwächen übertrieben mehr Beachtung schenken als unseren Vorzügen. Ständig denken wir daran, was wir *nicht* haben und *nicht* sind, statt ganz einfach eine ehrliche Rechnung aufzustellen.

Versuchen Sie es gleich jetzt einmal damit, während Sie hier sitzen und diese Seiten lesen.

Nehmen Sie einen Block oder ein Arbeitsheft und schreiben Sie auf die linke Seite »Meine schlechten Seiten« und gegenüber »Meine guten Seiten«. Machen Sie Inventur mit sich selbst.

Nicht selten enden solche Versuche damit, daß jemand ganz erstaunt feststellt, daß er genausoviel gute Seiten wie Schwächen hat. Er hat sich allerdings bisher vorwiegend mit seinen Fehlern beschäftigt. Wobei es möglich ist, daß sich *andere* ausgiebig damit beschäftigen. Etwa dadurch, daß sie immer wieder abfällig davon sprachen oder uns kritisierten.

Ein Vater, der seinem Sohn einmal am Tag sagt: »Du bist ja doch nur ein Versager, schau dir einmal deinen großen Bruder an, wie der mit allem fertig wird«, dann ist es kein Wunder, wenn der Sohn eines Tages wirklich glaubt, daß er nichts ist und nichts kann und außer Schwächen nichts besitzt.

Wie ist das bei Ihnen?

Wenn Sie nicht ohne Zögern sagen können: »Jawohl, ich liebe mich uneingeschränkt«, welche Gründe gibt es dann dafür:

- Gibt es da jemand anderen, der Ihnen eingeredet hat oder einredet, Sie seien nichts und könnten nichts und müßten froh sein, daß es Ihnen so gut geht?

- Oder sind Sie es selbst, der sich Maßstäbe setzt, die Sie nie einhalten können, weil Sie Ihre Möglichkeiten überschreiten?

Denken Sie doch ein wenig länger darüber nach, woran es liegt, daß Sie sich nicht bedenkenlos selbst lieben können. Oder wollen.

Schließen Sie in diese Überlegungen auch unsere Behauptung ein: »Ein Mensch, der sich nicht selbst lieben kann, ist auch nicht imstande, jemand anderen zu lieben.«

3. Anregung:

Finden Sie einen überzeugenden Grund, warum Nächstenliebe für Sie wichtiger sein soll als Selbstliebe

Mit dem »Jawohl, ich liebe zuerst mich und dann erst irgend jemand anderen« geht es den meisten Leuten so wie mit dem: »Ja, ich bekenne mich dazu, ein Egoist zu sein und vor allem meinen eigenen Vorteil im Auge zu haben.«

Wir haben Hemmungen, solche offenen Eingeständnisse zu machen.

Warum haben wir Hemmungen und scheuen davor zurück, uns ganz offen zu uns selbst zu bekennen?

Wenn jemand stolz erklärt: »Ich habe einen halben Monatslohn für die hungernden Kinder in Äthiopien gespendet«, wird er bewundert. Dabei ist es völlig gleichgültig, ob sein Geld jemals die Hungernden in Afrika erreicht. Man fühlt sich gut, wenn man einem blinden Bettler auf der Straße ein paar Münzen in die Kappe wirft.
Aber man geniert sich, an ihm untätig vorbeizugehen. Daran ändert sich auch nichts, wenn wir wissen, daß die meisten blinden Bettler auf den Straßen weder blind noch hilfsbedürftig sind.

Wie ungezählte Spendensammler, Hilfsorganisationen der Menschenfreunde aus eigener Machtvollkommenheit spielen sie nur mit dem uns anerzogenen Selbstverachtungs-Grundsatz. Er lautet: »Verleugne dich selbst und tue anderen Gutes, dann bist du ein guter Mensch.«

Man hat uns eingeredet, Nächstenliebe sei wichtiger als die Selbstliebe. Warum hat man uns das eingeredet? Und: Warum soll es so sein?

Die Antwort lautet: Wenn wir uns dem Nächstenliebe-Prinzip entsprechend selbst verleugnen, sind wir leichter manipulierbar, als wenn wir uns mögen.

Die Strategie unserer Manipulation mit Hilfe der Selbstverleugnung lautet so: Wenn jemand andere mehr lieben soll als sich selbst, wird er sich immer wieder dabei ertappen, daß er egoistisch denkt und handelt. Dies bewirkt in ihm ein Schuldgefühl, das von denen, die ihn manipulieren wollen, geschickt ausgenützt wird.

Wer ein Schuldgefühl annimmt, indem er reumütig bekennt: »Jawohl, ich bin ein schlimmer Egoist«, will sich rechtfertigen. Er will Buße tun. Er nimmt dankbar die Hilfe von Leuten an, die ihm das Angebot machen: »Ist schon gut, mein Lieber, dir kann geholfen werden.«

Es wird ihm dann nach der seit Jahrhunderten bewährten Methode geholfen: »Kauf dich von deiner

Sünde frei.« Oder nach der Methode: »Ich habe dir einmal aus der Patsche geholfen, jetzt schuldest du mir eine Gegenleistung.«

Vereinfacht kann gesagt werden: Wer sich schuldig fühlt, liebt sich nicht.

Die Voraussetzung dafür, sich selbst lieben zu können, muß demnach darin bestehen, dem Schuld-Sühne-Mechanismus zu entkommen, in den uns andere drängen möchten, damit sie uns manipulieren können.

Überlegungen wie diese im Zusammenhang mit dem Begriff Liebe mögen manchen Leser unangenehm berühren, der die Liebe bisher nur als etwas »Unaussprechbares« angesehen hat. Als etwas, das kommt und geht, wie es will, das man herbeisehnen, aber niemals nüchtern analysieren kann.

Versuchen Sie einmal, die Behauptung kritisch zu prüfen: »Unter dem Deckmantel ›Liebe‹ werden Tausende und aber Tausende Menschen getäuscht, betrogen und manipuliert.«

Halten Sie das für möglich, oder handelt es sich nur um eine bösartige Übertreibung?

Was halten Sie von folgender Feststellung: »Das Versprechen ›Ich liebe nur dich‹ oder ›Ich werde dich immer lieben‹ ist in den meisten Fällen nichts anderes als eine Lüge, auch wenn im Augenblick die beste Absicht bestand?«

Ist das eine Tatsache oder eine Übertreibung?

Wenn jemand einem anderen sagt: »Ich liebe dich«, gilt das für die meisten Menschen als eine Botschaft der Bewunderung, der größten Zuneigung, der Opferbereitschaft, vielleicht sogar der Selbstaufgabe.

Das ist die Botschaft.

Worin aber besteht das Motiv?

Besteht es nicht im Grunde genommen darin, den anderen zu manipulieren? Von ihm Besitz zu ergreifen, damit er nur noch uns gehört? Besteht das Liebesspiel nicht darin, daß der Partner A den Partner B dazu kriegt, das zu tun, was er von ihm erwartet?

Es ist ein Manipulationsspiel, bei dem ganz offensichtlich Tricks und Lügen erlaubt sind. So ist es beispielsweise für viele Männer ganz selbstverständlich, *vorher* einer begehrten Frau alles zu versprechen und die Sterne vom Himmel zu lügen. Wenn dann das Ziel erreicht ist, denken sie nicht im geringsten daran, die Versprechungen einzulösen.

Andererseits gibt es natürlich auch nicht wenige Frauen, die sich teuer bezahlen lassen, ehe sie den Liebeswerbungen eines Mannes nachgeben.

Alles das passiert. Sie können es rundherum beobachten – falls Sie selbst nicht schon längst zu den von diesem Spiel Betroffenen gehören.

Es passiert unter dem Deckmantel »Liebe«.

Ist es nicht angebracht, diesen Begriff einmal kritisch zu untersuchen? Ihn zu analysieren. Ihn Schicht für Schicht von den Verkleidungen zu befreien, mit denen wir und andere ihn umgeben haben? Vielleicht um einige unangenehme Realitäten zu verbergen, an die wir nicht erinnert werden möchten.

Tatsächlich ist es ja so, daß manche Menschen lieber ein Dutzendmal auf wohlklingende Lügen hereinfallen, für die sie sich nachher bemitleiden können, als daß sie einmal das Leben so sehen, wie es tatsächlich ist.

Wer möchte, daß wir ihn lieben, versucht in Wahrheit, uns für sein sehr egoistisches Ziel zu gewinnen.

Überdenken Sie diese Behauptung einmal. Ist sie richtig, oder ist sie falsch?

Was denken Sie?

Welche Erfahrungen haben Sie in dieser Hinsicht gemacht?

Finden Sie – wenn Sie zu einem für Sie akzeptablen Ergebnis gekommen sind – einen überzeugenden Grund, warum Nächstenliebe für Sie wichtiger sein soll als Selbstliebe.

Und: Könnte es nicht sein, daß jemand, der sich selbst

ohne Schuldgefühle liebt, allen Manipulationsversuchen mit dem Begriff Liebe mit der Aufforderung zur Nächstenliebe nicht mehr so leicht manipuliert werden kann?

4. Anregung:

Machen Sie sich bewußt, ob Sie nicht mehr zur Selbstverleugnung als zur Liebe erzogen wurden

Es mag provokant klingen, aber ist es nicht so, daß ein ganzes Leben lang unsere Erziehung nicht auf Liebe, sondern auf Selbstverleugnung ausgerichtet ist?

Von Kindheit an hören wir immer nur:

»Du bist nichts, wir sind alles.« *Wir*, das sind die Älteren, die Stärkeren, die Autoritäten.

»Weil du selbst keine Ahnung hast, brauchst du uns.« *Uns*, das sind die Politiker, die Spezialisten und die Funktionäre.

»Du bist hilflos, deshalb bist du auf unseren Schutz angewiesen.« Das ist die Botschaft aller, die sich Monopole für Gesundheit oder Gerechtigkeit, Sicherheit und als Ordnungsmacht anmaßen.

Du bist nichts, die Gemeinschaft ist alles. Der einzelne hat sich dem Interesse der Allgemeinheit unterzuordnen. Für das Wohl aller muß der einzelne Opfer bringen. Wie kannst du glücklich sein, solange es so vielen Menschen auf der Welt schlechtgeht?

Alles das wird uns so lange eingeredet, bis wir es glauben. Das Ergebnis ist Selbstverleugnung. Wir getrauen uns gar nicht mehr, ohne Schuldgefühle ausgelassen und glücklich zu sein. Ein typischer Ausdruck der Selbstverleugnung ist der Satz: »Ich habe keine Chance, ich bin ja nur ein kleiner Mann von der Straße.« Oder das Bekenntnis zur Resignation: »Um in meinem Leben noch etwas zu verändern, ist es jetzt zu spät.«

Haben Sie schon einmal über solche Dinge nachgedacht?

Gehören Sie vielleicht zur Gruppe der Selbstverleugner, die sich krampfhaft bemühen, es allen anderen recht zu machen, nur nicht sich selbst?

Es mag schon sein, daß manche Leute ihr Lebensziel darin sehen, sich für Mitmenschen oder eine Idee aufzuopfern. Aber das kann nur sinnvoll sein, wenn es durch eine starke eigene Entscheidung geschieht und nicht aus Hilflosigkeit sich selbst gegenüber.

Wer sich selbst verleugnet, statt sich selbstbewußt zu lieben und mit sich in Frieden zu leben, braucht sich erst gar nicht auf die Suche nach jemand anderen zu machen, der ihn liebt oder den *er* lieben könnte. Ganz einfach deshalb nicht, weil jemand, der die Liebe nicht kennt, sie auch nicht weitergeben kann.

Wir selbst sind der Anfang jeder Liebe. Ist das nicht ganz logisch?

Es ist logisch, und doch wollen es nur wenige Menschen wirklich wahrhaben. Sie glauben, daß Liebe etwas ist, das man geben kann, ohne es zu besitzen. Genauso, wie manche meinen, sie könnten Autorität ausüben, ohne sie wirklich zu haben.

Ist es nicht völlig widersinnig, wenn ein Vater, der selbst Zigaretten raucht, seinem Sohn kraft einer Autorität als Erzieher das Rauchen verbietet? Oder wenn eine Mutter, die ihrer Tochter vorlügt, die Welt sei heil und edel, diese bestraft, wenn sie nicht die Wahrheit sagt?

Widersprüchlich oder nicht, es gehört zum alltäglichen Umgang miteinander. Fragen Sie sich selbst: Erweckt dieser Umgang eher Liebe oder verlangt er vorwiegend Selbstverleugnung?

Wer aber spendet uns die Liebe, auf die wir uns jederzeit und unter allen Umständen verlassen können?

Sicherlich gibt es immer wieder Menschen, die uns ihre Liebe versichern. Aber niemand kann uns garantieren, ob wir imstande sind, auf lange Sicht den Preis zu bezahlen, den sie von uns dafür fordern.

Tatsächlich handelt es sich ja bei Liebe und Selbstverleugnung nicht um Gegensätze. Die Selbstverleugnung ist vielmehr einer der Einsätze, welche für die Liebe zu bezahlen sind, die man uns gibt.

Niemand liebt uns selbstlos, auch wenn er es uns tausendfach versichert. Auch wenn er sagt: »Ich liebe dich wahnsinnig, aber ich weiß, daß du mich nicht liebst.«

Auch damit verlangt er etwas von uns. Er will, daß uns das, was er sagt, beunruhigt. Er will, daß wir uns mit ihm beschäftigen, ihn vielleicht bedauern, und daß aus dem Mitgefühl vielleicht Liebe wird. Er will uns zur Gegenliebe weichklopfen, bis wir vielleicht aus Gefälligkeit bereit sind, uns seine Liebe gefallen zu lassen.

Nehmen Sie sich die Zeit, über diesen Zusammenhang zwischen Liebe und Selbstverleugnung nachzudenken. Setzen Sie sich in eine stille Ecke, nehmen Sie Ihren Block oder das Arbeitsheft zur Hand und schreiben Sie auf, was Ihnen aus Ihrer eigenen Erfahrung dazu einfällt.

Machen Sie es sich nicht so einfach zu sagen: »Egal, ob Selbstverleugnung oder nicht, Liebe ist immer etwas Schönes.« Versuchen Sie, die Frage wertfrei zu klären, nicht voreingenommen. Tausende und aber Tausende Ehen werden geschlossen, weil die Partner sich innig versichern: »Wir lieben uns.« Sie sind fest davon überzeugt, daß dieser Schwur allein schon genügt, bis zu dem Tag, an dem der Tod sie scheidet, mit allen Problemen des Zusammenlebens fertig zu werden.

Sehen Sie sich um, wie lange solche Ehen dauern und was sie oft schon nach ein paar Monaten oder Jahren zu Fall bringt. Und wie. Aus dem alles lösenden »Wunder Liebe« wird alles tötender Haß. Aus dem gutgemeinten Schwur wird Streit bis zur Erniedrigung.

Das ist das Ergebnis des Glaubens, daß es genügt, einander die Liebe zu versichern, wenn man mit einem Partner für den Rest des Lebens glücklich sein möchte.

Steht es nicht dafür, ernsthaft darüber nachzudenken, ehe man sich offenen Auges in eine unvermeindliche Enttäuschung stürzt?

Denken Sie darüber nach. Heute noch. Es ist vielleicht wichtiger für Sie als einige der Dinge, die Sie sich selbst vortäuschen, um dieses Problem beiseite zu schieben, weil es unbequem ist.

Nehmen Sie lieber heute diese Unbequemlichkeit in Kauf, um sich für den Rest Ihres Lebens viele Enttäuschungen zu ersparen.

5. Anregung:

Analysieren Sie doch einmal, was Sie erwarten, wenn Sie sich nach Liebe sehnen

Ich sehne mich nach Liebe. Ich möchte verstanden werden. Ich wünsche mir Zärtlichkeit. Ich möchte einen Partner, dem ich vertrauen kann.

So oder ähnlich lauten die Forderungen an jemanden, nach dem ungezählte Menschen Ausschau halten. Sie fordern es, sie erwarten es, sie malen es sich in den schönsten Farben aus, während sie rundum Ausschau halten.

Und dies passiert in den meisten Fällen:

- Entweder sie finden beizeiten einen Partner, dem sie die Erfüllung aller dieser Dinge zutrauen, und beginnen mit ihm voll freudiger Erwartung eine Beziehung.

- Oder sie können niemanden entdecken, der den hochgesteckten Erwartungen entspricht. Dann resignieren sie enttäuscht oder geben sich irgendwann einmal aus Angst vor der Einsamkeit mit dem erstbesten zufrieden, der ebenfalls auf der Suche ist.

»Die Sehnsucht nach Liebe«, das klingt so, als wäre das eine ganz klare Sache, als wüßte jeder sofort, worum es geht. Tatsächlich aber versteht jeder von uns etwas ganz anderes darunter. Die Unterschiede gibt es auch in vielen Bereichen:

● Junge denken anders darüber als Ältere.

● Wer zweimal enttäuscht wurde, hegt andere Erwartungen als jemand, der noch auf der Suche nach dem ersten großen Erlebnis ist.

● Frauen haben andere Vorstellungen darüber als Männer.

● Einsamen Frauen bedeutet der Begriff Liebe garantiert etwas völlig verschiedenes als für Heiratsschwindler, die ständig auf der Suche nach einsamen arglosen Frauen sind.

● Ganz davon zu schweigen, wie oft von Liebe die Rede ist, obwohl man bloß an ein schnelles Abenteuer denkt.

● Und dann ist da noch der Zeitfaktor. Was wird aus den Vorstellungen beim Standesamt nach drei, vier Ehejahren. Und was nennt man nicht alles eine »Liebesbeziehung«, obwohl es längst zur sexuellen Routine geworden ist?

Was erwarten Sie von einem Partner, wenn Sie im Zusammenhang mit ihm von Liebe reden?

Schreiben Sie es auf. Punkt für Punkt. Eines unter dem

anderen. Schreiben Sie sich von Ihren Erwartungen frei, die sie von Kindheit an haben.

Wenn Sie Ihre Liste fertig haben, gehen Sie sie noch einmal durch und schreiben rechts neben jedem Stichwort, ob das, was Sie als »Liebe« deklariert haben, tatsächlich Liebe ist oder etwas ganz anderes.

Wenn Sie geschrieben haben »Ich möchte verstanden werden«, dann hat das im Grunde genommen gar nichts mit dem Gefühl Liebe zu tun, sondern vielmehr mit der Intelligenz eines Partners.

Wenn Sie schreiben: »Ich wünsche mir viel Zärtlichkeit«, dann ist das möglicherweise eher eine Frage der Routine im Liebesspiel als der Liebe selbst.

Denn sicher ist, daß unendlich viele Leute, Männer genauso wie Frauen, den Partner lieben, aber nicht imstande sind, dieses Gefühl auf die körperliche Beziehung zu übertragen. Sie bleiben ein Leben lang gehemmt. In ihren Tagträumen werden sie von wilden sexuellen Wunschträumen verfolgt. Aber sie schaffen es nicht, ihrem geliebten Partner auch nur anzudeuten, was sie sich von ihm erwarten.

Liebe und Sex.

Wissen *Sie*, wo für Sie die Grenze ist?

Frauen neigen oft dazu, eine scheinbar eindeutige Abgrenzung zu machen, wenn sie sagen: »Ich könnte

mit keinem Mann ins Bett gehen, den ich nicht liebe.«
So aufrecht dies auch klingt, in den meisten Fällen ist
es nichts weiter als Heuchelei.

Die »Liebe« muß für die gesellschaftliche Forderung
nach der »anständigen Frau« herhalten, von der alle
wissen, daß sie längst keine Gültigkeit mehr hat.

Denn so selbstgefällig Frauen postulieren: »Ich
könnte mit keinem Mann ins Bett gehen, den ich nicht
liebe«, so eilfertig verzichten sie auf den Liebesanspruch, wenn sie heiraten oder verheiratet sind. Dann
deckt die alles gestattende Institution »Ehe« alle anderen Ansprüche zu.

Aus der geforderten Liebe wird nicht selten die routinemäßig gehandhabte Ehepflicht. Eine Pflicht, die
nicht wenige Partner sehr bald mit Gewalt eintreiben,
wie die immer deutlicher werdende Diskussion um
Gesetze zeigt, die das Problem der »Vergewaltigung in
der Ehe« auf juristischem Wege klären soll.

Auf diese Weise wird eine zweite Front vergeblicher
Hoffnung zur besseren Erfüllung der Ansprüche, die
Menschen an die Liebe stellen, aufgebaut:

● Nach den Erwartungen, die man in einen Partner
  setzt.

● Man hofft schließlich sogar, daß sich die Ansprüche einer Partnerschaft durch einen gerichtlichen
  Urteilsspruch erfüllen könnten.

Worin also liegt die Ursache der Tragik von Beziehungen, die im Himmel der Liebe begannen und in der Hölle einer Scheidungsverhandlung enden?

Lassen Sie uns folgende Behauptung aufstellen: Die Ursache liegt in den völlig unrealistischen Erwartungen, die man in einen anderen Menschen setzt, dem wir Liebe geben wollen, die erwidert wird.

Die meisten Menschen, die von einem anderen Liebe erwarten, setzen fast immer folgendes voraus:

- Daß der andere über Liebe genauso denkt wie sie.

- Daß der andere Gefühle genauso ausdrückt wie sie, falls er überhaupt imstande ist, Gefühle der Liebe so auszudrücken, daß sie als solche erkennbar sind.

- Daß sich die Liebe, wenn sie für sie spürbar wird, dauerhaft – möglichst für immer und ewig – mit gleicher Intensität erhält.

- Daß der geliebte Partner nur sie liebt und sonst niemanden.

Alles das und noch vieles mehr wird im Zusammenhang mit Liebe gebracht.
Also mit einem Gefühl, das von vornherein alle Voraussetzungen dafür besitzt, die oben genannten Erwartungen *nicht* zu erfüllen.

Denn:

- Gefühle entziehen sich großteils dem Einfluß des Denkens. Wenn wir hundertmal denken: »Es ist völlig sinnlos, X zu lieben«, so ändert dieser Gedanke meistens wenig an unserem Gefühl für den anderen. Wie könnten wir also von jemand anderem erwarten, daß er über die Liebe so *denkt* wie wir, wenn sich bei uns selbst das Gefühl dem Diktat des Denkens entzieht?

- Ein Partner mag schon mit vierzehn Jahren eine freie Liebesbeziehung gehabt und dabei gelernt haben, seine Gefühle dem anderen ohne Scham oder Hemmung zu zeigen. Der andere Partner kann im gleichen Alter ein sexuelles Schockerlebnis gehabt haben, das es ihm unmöglich macht, dem anderen seine Liebe so offen zu zeigen, wie er möchte.

- Von einem Gefühl – besonders von einem Hochgefühl – Dauerhaftigkeit zu erwarten, widerspricht der Erfahrung, die jeder von uns in seinem eigenen Leben ständig macht.

Gefühle hängen von Einflüssen ab, die wir selbst wenig steuern können. Von Stimmungen und Launen anderer, von biologischen Vorgängen in unserem Körper, die wieder von Ernährung, Biorhythmus, Blutdruck und vielen anderen Komponenten bestimmt werden können.

Deshalb ist die Erwartung, das Gefühl Liebe könnte

unvermindert ein Leben lang dauern, wohl die verhängnisvollste, die man hegen kann.

● Nicht weniger unerfüllbar ist auch der ausschließliche Besitzanspruch an die Liebe eines anderen Menschen. Denn er selbst weiß nicht, ob sein unberechenbares Gefühl ihn nicht morgen schon einen anderen Menschen begegnen läßt, den er mehr liebt als den bisherigen Partner.

Er mag dieses Gefühl unterdrücken, verleugnen oder verdrängen. Aber in seinen Gedanken und geheimen Wünschen wird er sich dem Alleinanspruch des ersten Partners entziehen.

Alles das sollten Sie in Ihre Überlegungen einbeziehen, wenn Sie wieder einmal dazu neigen, Forderungen an die Liebe zu stellen, die kaum erfüllt werden. Auch wenn es – und das ist meistens der Fall – ein paar Augenblicke oder Tage so aussieht, als ließe sich ein Phantasiegebilde in Alltagsrealität verwandeln.

6. Anregung:

Gestehen Sie es sich ein, wenn Sie die Liebe eines anderen Menschen nur deshalb suchen, um vor sich selbst davonzulaufen

Haben Sie schon einmal darüber nachgedacht, warum Menschen einsam sind?

Hier ist eine Antwort: Sie sind unfähig, mit sich allein Spaß zu haben.

Warum haben sie keinen Spaß mit sich allein?

Weil sie nicht imstande sind, mit sich zu kommunizieren, mit sich einen Dialog zu führen, mit sich allein still zu sitzen, sich allein über die schönen Dinge des Lebens zu freuen.

Sie brauchen ständig jemanden, mit dem sie irgend etwas teilen, dem sie etwas sagen, an dem sie herumnörgeln, bei dem sie sich ausweinen, aussprechen, sich ins rechte Licht setzen können. Alles das sind Bezeichnungen, die uns geläufig sind.

Was aber bedeuten sie?

Sie bedeuten, daß viele von uns immer jemand *anderen* brauchen, um Dinge tun zu können, die uns glücklich machen. Wir brauchen jemand *anderen*. Das heißt:

1. Wir sind nicht bereit, in uns selbst nach jenem Halt zu suchen, den uns andere scheinbar viel besser geben können.

2. Wir machen uns dadurch von anderen in hohem Maße abhängig.

3. Wir sind enttäuscht und unglücklich, wenn andere Leute nicht jene Erwartungen erfüllen, die wir in sie setzen.

4. Diese Erwartungen werden schon deshalb kaum jemals auf Dauer erfüllt, weil – wie wir wissen – unsere Hoffnung und Illusion den Realitäten des Alltags widerspricht.

Eine dieser Realitäten besteht darin, daß die anderen Leute, die uns Halt geben, uns geduldig zuhören, uns verstehen und glücklich machen sollen, genau das gleiche suchen wie wir. Auch sie haben in sich keinen Halt. Das ist ja auch für sie der Grund, warum sie ständig auf der Suche sind und nicht mit sich allein sein können.

Verstehen Sie den Zusammenhang?

Wenn Sie alles auf einen Nenner bringen, heißt das: Wir neigen dazu, uns auf die Flucht vor uns selbst zu begeben, um von anderen zu bekommen, was wir gar nicht einmal versuchen, uns selbst zu geben.

Das ist: Selbstverständnis statt darauf zu warten, bis

jemand anderer uns versteht. Die Aufmerksamkeit, die wir von anderen erwarten. Wir suchen das Lob anderer und sind bereit, ihre Maßstäbe von gut und schlecht zu akzeptieren, weil es uns an eigenen Maßstäben fehlt, nach denen wir uns selbst beurteilen könnten.

Uns selbst beurteilen, das würde bedeuten, daß wir wissen, was wir erreichen wollen und wie wir es erreichen wollen, um danach unseren Erfolg oder Mißerfolg selbst beurteilen zu können.

Wir sind auf der Flucht davor, selbst die ganze Verantwortung für unser Glück zu tragen. Wir fürchten uns vor uns selbst. Deshalb hören wir auch auf uns selbst viel weniger als auf das, was »man« und was die anderen sagen.

Alles, was hier über die Flucht vor uns selbst gesagt wurde, gilt genauso für den Versuch, bei anderen Menschen jene Liebe zu finden, die wir nur bei uns selbst finden können.

Ist das nicht einleuchtend?

Wenn Sie daran zweifeln, denken Sie doch ein wenig über folgende Behauptung kritisch nach: Wenn Sie einen anderen Menschen lieben und von ihm das erwarten, was Sie sich als Liebe alles erträumen, können Sie nie sicher sein, ob der andere nicht schon morgen davon abgeschreckt wird, weil er spürt, daß er mit Ihren Erwartungen überfordert ist. Er hat Angst vor Ihrer Liebe.

Oder aber, er denkt daran, wie er Ihre Liebe für sich nutzbringend einsetzen kann. Vielleicht will er Geld von Ihnen oder auch nur Selbstbestätigung.

Wenn Sie dann der geliebte Mensch vorzeitig verläßt und Sie sich in Weltschmerz und Selbstmitleid ergehen, nachdem Sie gemerkt haben, wie Sie ausgenützt wurden, stehen Sie wieder da, wo Sie am Anfang waren.

Sie geben vielleicht den anderen oder der ganzen bösen Welt die Schuld an ihrem Leid. Möglicherweise aber beschuldigen Sie sich selbst wegen Ihrer Einfältigkeit und schämen sich Ihrer Gefühle, die von anderen erniedrigt wurden.

Ist es da nicht wirklich an der Zeit, sich einmal die entscheidende Frage zu stellen, die alles ändern könnte? Die Frage: Warum erwarte ich mir immer nur von *anderen* alles das, was mich glücklich machen könnte? Warum gebe ich es mir nicht selbst. Um mich von den anderen unabhängig zu machen?

Warum fangen Sie nicht an, sich einzugestehen: Mit jeder Liebe, die ich in jemand anderen investiere, ist automatisch schon die Angst inbegriffen, daß sie jederzeit wieder zu Ende sein kann.

Wenn alle Menschen um Sie herum letzten Endes nicht verläßlich sind, sei es, daß sie Ihre Erwartungen nicht erfüllen oder daß sie schon bald jemanden finden könnten, der ihnen mehr zusagt oder den sie mehr lieben als Sie, warum kehren Sie dann nicht endlich zu jenem Menschen zurück, vor dem Sie so lange so beharrlich davongelaufen sind?

Zu sich selbst.

Warum lernen Sie nicht, sich selbst zu lieben, sich selbst zu verstehen, sich selbst zu beurteilen, mit sich selbst zu kommunizieren?

Mit mir selbst kommunizieren, werden Sie jetzt vielleicht fragen, wie geht denn das?

Zum Beispiel so, daß Sie das, was Sie von anderen Menschen erwarten, in Ihre eigene Persönlichkeit einbeziehen, damit Sie nicht mehr der einsame einzelne sind, der sich nur mit »denen da draußen« unterhalten kann.

Sehen Sie sich und ihre Persönlichkeit als zwei Ich. Als Ihr Utopie-Ich und Ihr Real-Ich.

Das Utopie-Ich träumt und denkt sich aus, wie mein ideales Glück beschaffen sein soll. Das Realo-Ich sagt, was ich von diesen Träumen verwirklichen kann und wie.

Ein Dialog entsteht.

Mit sich selbst.

Sie brauchen nicht mehr vor sich davonzulaufen,

irgendwohin, wo andere Leute sind, mit denen Sie kommunizieren möchten, aber in Wahrheit nicht können, weil diese anderen genauso auf der Flucht sind wie Sie.

Denken Sie doch einmal über diese Zusammenhänge und Behauptungen nach. Prüfen Sie, was Sie selbst damit für sich anfangen könnten.

Lassen Sie sich Zeit.

In den nächsten Anregungen finden Sie Möglichkeiten, den Weg zu sich selbst zu finden. Um sich selbst zu lieben, als Voraussetzung dafür, vor der Liebe zu anderen Menschen keine Angst mehr haben zu müssen.

7. Anregung:

Lernen Sie die vier Schritte kennen, sich selbst lieben zu lernen

Viele Menschen sind bereit, die härteste Kritik und manche erniedrigende Beleidigung hinzunehmen, aber niemals würden sie es zulassen, daß ihnen ein Tabu weggenommen wird.

Dieses Tabu kann eine Ideologie sein oder ihre Religion. Es kann die Vorstellung von Liebe sein oder Begriffe wie Ehre und Stolz.

Nicht wenige Menschen waren schließlich in der Vergangenheit dazu bereit, für solche Begriffe ihr Leben zu opfern. Manchenorts hat sich daran bis heute nichts geändert.

Ehe sich so ein Mensch Glaube oder Ehrbegriff nehmen läßt, setzt er sich mit allen Mitteln zur Wehr. Er weint, er kämpft, er lügt. Vor allem lügt er sich in den meisten Fällen selbst in die Tasche.

Das ist begreiflich, wenn man bedenkt, daß sich sein Glaube auf eine einzige Hoffnung konzentriert. Sein Lebensinhalt besteht darin. Er schöpft alle seine Kraft daraus. Wenn diese Illusion nicht bestünde, wäre sein Leben sinnlos, weil es nichts mehr gäbe, das ihm die Richtung weist.

Es gibt nicht wenige Männer, für die bei ihrer Pensionierung eine Welt zusammenbricht. Ihr Leben wird sinnlos, weil sie nicht mehr arbeiten dürfen. Arbeiten, dienen, Karriere machen, eine berufliche Stellung innehaben, in der man respektiert wird. Das war der Sinn ihres Lebens. Wenn es zu Ende ist, haben sie keinen Ersatz zur Hand.

Nicht selten werden solche Männer schon wenige Monate nach der Pensionierung krank, erleiden den berüchtigten »Pensionsschock«, siechen dahin. Sterben.

Ähnlich ergeht es Müttern, die alle ihre Obsorge in ihre Kinder investieren. Wenn diese erwachsen und aus dem Hause sind, lassen sie oft nur Enttäuschung zurück. Alternde Frauen, die bis an ihr Lebensende darüber klagen, wie wenig Dank man von seinen Kindern für die Liebe erntet, die man ihnen schenkte.

Erinnern Sie sich an eine Schlußfolgerung aus der vorangegangenen Anregung? Sie lautet: Wer sich der Utopie hingibt, Liebe könnte von anderen Menschen dauerhaft erwidert werden, muß eine Enttäuschung erleiden.

Und die Alternative?

Die Alternative ist die Realität, daß es nur eine einzige wirkliche zuverlässige Liebe gibt. Die Liebe in uns selbst zu uns selbst.

Kann man sie lernen? Kann man sie sich aneignen? Wie kommt man zu ihr?

Hier sind vier Schritte, mit denen wir die Liebe zu uns selbst entdecken und verankern können:

Erster Schritt: Ich höre auf, mir über die Liebe falsche Vorstellungen zu machen.

Zweiter Schritt: Ich lerne in täglichen kleinen Schritten, meine Beziehung zu mir selbst zu verbessern und mich immer mehr zu mögen, wie ich bin.

Dritter Schritt: Ich fälle die Entscheidung, mich selbst in Zukunft mehr zu lieben als irgend jemand anderen. Und ich glaube mir selbst mehr als anderen.

Vierter Schritt: Ich trainiere den Glauben an mich und die Liebe zu mir täglich. Für den Rest meines Lebens.

Diese vier Schritte der Selbstfindung und Selbstanerkennung mußten nicht eigens erfunden werden. Sie sind nichts anderes als die übliche Methode, mit der Millionen Menschen von anderen Menschen dazu gebracht werden, Vereinen, Organisationen oder religiösen Gemeinschaften beizutreten, um dort Ideen oder Götter zu verehren. Oder um Opfer zu bringen und Geld auszugeben für Dinge, die man ihnen einredet.

Diese Methoden werden von anderen angewandt.

Wir werden von anderen dazu gebracht, zu glauben und zu lieben, was *sie* uns als Objekt des Glaubens und der Liebe einreden.

Warum sollten wir nicht dazu übergehen, diese Methode des Überzeugens selbst anzuwenden. Ohne Zwischenträger und ohne jemanden, den wir verehren, lieben oder dem wir gehorchen müssen?

Indem wir uns mit uns selbst beschäftigen, statt mit den Programmen der Leute, die uns in ihren Glauben einbeziehen und dafür gewinnen wollen.

Indem wir durch die Liebe zu uns immer mehr Selbstvertrauen aufbauen, bis wir stark genug geworden sind, um von der Fürsorge, Hilfe und versprochenen Liebe anderer nicht mehr abhängig sind.

Das mag ernüchternd klingen für jemanden, der Liebe bisher als dieses romantische, alles zum Besseren wendende Wunder betrachtet hat, als das man es uns darstellt.

Aber wissen wir nicht alle, daß diese einseitige Utopie zur Enttäuschung führen muß, wenn Sie sie nicht mit der Realität untermauern? Diese Realität heißt: Lerne, dich selbst zu lieben, damit du nicht mehr auf die Liebe anderer angewiesen bist.

Diese Überlegungen sind es wert, von Ihnen zu Ende

gedacht zu werden. Gönnen Sie sich einen oder zwei Tage dafür. Beziehen Sie auch die Frage in diese Gedanken ein, ob Sie – was Ihre Einstellung zur Liebe betrifft – in Ihrem ganz persönlichen Leben etwas ändern möchten.

Sie können schließlich sagen: »Ich will mir die Illusion der ewigen Liebe erhalten, auch dann, wenn ich noch ein dutzendmal enttäuscht werde. Das nehme ich in Kauf.«

Sie können allerdings erkennen, daß Ihre Einstellung zur Liebe viel mehr für Ihr zukünftiges Leben bedeuten kann als nur ein gelegentliches Abenteuer in der Welt der Gefühle. Nämlich eine neue Grundlage in Ihrer gesamten Beziehung zu sich selbst.

Immer auf der Suche zu sein, nach dem romantischen Abenteuer Liebe, bedeutet schließlich nichts anderes, als vor sich davonzulaufen, um Erfüllung bei jemand anderem zu suchen.

Aber gibt es tatsächlich jemanden auf dieser Welt, auf den Sie sich mehr verlassen könnten als auf sich selbst?

Vorausgesetzt natürlich, Sie sind mit sich selbst im reinen, kennen sich und haben gelernt, sich zu vertrauen.

In der vorliegenden Anregung sind die vier Schritte aufgezeigt, diesen Weg zu sich selbst zu beschreiten. Auf den folgenden Seiten erfahren Sie darüber mehr.

8. Anregung:

Versuchen Sie es mit dem ersten Schritt auf dem Weg der Liebe zu sich selbst

Erinnern Sie sich: Als ersten Schritt auf dem Weg der Liebe zu sich selbst wurde vorgeschlagen: »Ich höre auf, mir über die Liebe falsche Vorstellungen zu machen.«

Falsche Vorstellungen, das sind:

- *Die Hoffnung*, daß dieses vergängliche, undefinierbare, zufällige Gefühl Liebe uns auf Dauer glücklich machen könnte.

- *Die Erwartung*, daß die Liebe zu anderen Menschen oder deren erhoffte Liebe zu uns irgendein Problem auf die Dauer lösen könnte, ohne daß wir selbst es auf realistische Weise lösen.

- *Die Angst*, daß wir uns durch zu wenig Nächstenliebe in Schuldgefühle stürzen, die wir durch Sühne kompensieren müßten.

Viele Menschen erkennen, daß die Liebe zu jemand anderem nur wirklich glückbringend sein kann, wenn sie bei der starken Liebe zu sich selbst beginnt. Sie erkennen es. Aber sie unternehmen nichts. Gar nicht davon zu reden, daß sie sich zu ihrer Erkenntnis bekennen würden.

Der Grund: Die Vorstellung einzugestehen, daß sie sich aus voller Überzeugung selbst mehr lieben als irgend jemand anderen, verursacht ihnen Schuldgefühle. Zu lange waren sie der fordernden Botschaft ausgesetzt: »Ein guter Mensch liebt die anderen mehr als sich selbst.«

Fragen Sie eine Mutter, die bestrebt ist, sich der allgemein respektierten Mutterrolle entsprechend zu verhalten, nach ihrem größten Wunsch. Sie wird sagen: »Mein größter Wunsch ist es, daß meine Kinder gesund bleiben und daß aus ihnen etwas Anständiges wird.«

Fast unmöglich ist es, eine Mutter zu finden, die offen erklärt: »Das wichtigste in meinem Leben ist mein Glück. Ich liebe zuerst mich selbst, dann erst meine Kinder.« Die meisten Mütter hätten schon Schuldgefühle, wenn sie solche Sätze nur dächten. Sofort käme das scheinheilige Argument: »Das wäre ja reiner Egoismus. Wo kämen wir denn da hin, wenn jeder so dächte auf dieser Welt?«

Wenn Sie auch so denken, überlegen Sie doch einmal ganz ohne Voreingenommenheit, warum es falsch sein sollte, sich selbst, sein eigenes Glück und die Liebe zu sich in den Mittelpunkt seines Lebens zu stellen.

Ist es nicht ein Vorurteil uns gegenüber, wenn wir uns

selbst für weniger wichtig halten als andere Menschen, denen wir, aus welchen Gründen auch immer, unser eigenes Glück opfern sollen?

Was ist falsch daran, sich selbst mehr zu lieben als seine Kinder oder seinen Partner?

Was ist falsch daran?

Diese Frage ist für jemanden, der sich mit sich selbst auseinandersetzen will, so wichtig, daß er sie ernsthaft beantworten sollte.

Ist dies nur deshalb falsch, weil »man« uns gesagt hat, daß es falsch ist, oder ist es wirklich falsch? Wenn es wirklich falsch ist, warum ist es falsch?

Logisch wäre es doch, anzunehmen, daß jeder von uns in diese Welt gesetzt wurde, um sein eigenes Leben zu leben. Auf seine Art. Nach seinem besten Wissen und seinen Fähigkeiten und Möglichkeiten.

Vor allem: selbstverantwortlich.

Sich selbst gegenüber verantwortlich.

Ebenso logisch erscheint es doch, daß jeder mit dem, was er tut, zuerst sich selbst gegenüber verantwortlich ist. Erst in zweiter Linie schuldet er der Gemeinschaft eine Rechtfertigung.

Der Gemeinschaftssinn als oberster Maßstab unseres

Handelns wird uns von jenen Leuten eingeredet, die diese Maßstäbe bestimmen, um damit möglichst viele Menschen unter ihre Kontrolle zu bringen.

Diese Leute sind nicht an kritisch denkenden Individualisten interessiert, die von oben diktierte Maßstäbe in Frage stellen.

Wer andere zu seinem Vorteil manipulieren will, ist daran interessiert, daß sie hilflos, unglücklich und mit sich selbst unzufrieden sind.

Wer mit sich selbst nicht zufrieden ist, wer ständig an sich zweifelt, wer sich nicht mag, wie er ist, wird empfänglich für die manipulativen Botschaften, die auf ihn Tag für Tag niederprasseln.

Die Botschaft, daß eine Schönheitscreme unsere faltige Haut wieder jugendlich frisch erscheinen läßt, ist im Grunde genommen nichts anderes als die versteckte Suggestion: »Du fühlst dich alt und schrummelig. Keiner will dich mehr mit diesen häßlichen Falten. Du bist alt und mußt so tun, als wärst du viel jünger. Sei unzufrieden mit dir. Mag dich nicht so, wie du bist. Fühle dich häßlich und greife zur Rettung deiner Schönheit und deines Glücks. Wir bieten dir die Rettung an. Salbe dein Gesicht – möglichst täglich und reichlich – mit unserer Creme, die dich jugendlich und glücklich macht.«

So kindlich-einfältig diese Sätze auch klingen mögen, fallen doch in der ganzen Welt Millionen Menschen darauf herein. Es gäbe sonst nicht Milliardenunternehmen, die ihre Verkaufszahlen Jahr für Jahr mit nichts anderem in die Höhe treiben als mit der Botschaft: »Ihr seid häßlich. Ihr mögt euch nicht. Ihr braucht uns zu eurem Glück.«

»Du magst dich nicht. Du bist hilflos. Du liebst dich nicht«, das ist der allgegenwärtige Aufruf gegen die Liebe zu uns selbst.

Und wie, so wird vermutlich jetzt der eine oder andere Leser fragen, wie würde denn nun eine mögliche Gegenformel lauten?

Ganz einfach so: »Ich liebe mich, wie ich bin. Mit meinen Falten im Gesicht, mit meinen Gebrechen, mit meinem Alter, mit meinen Fehlern. Ich liebe mich und glaube an mich, weil mir längst klar ist, daß kein anderer Mensch so großes Interesse an mir hat wie ich.«

Was ist an dieser Formel auszusetzen?

Ist sie nicht glaubhaft?

Leuchtet sie Ihnen nicht ein?

Wenn Sie ernsthaft lernen möchten, sich selbst zu lieben – als Grundlage eines neuen Lebensgefühls –, dann sollten Sie diese Frage eindeutig beantworten.

Nicht vage, sondern eindeutig.

Denn, um es noch einmal zu erwähnen, der erste Schritt auf dem Weg zur Liebe zu sich selbst besteht darin, sich selbst davon zu überzeugen, daß es richtig ist, sich selbst zu lieben.

Entscheiden Sie sich, ehe Sie weiterlesen.

9. Anregung:

Fangen Sie in täglichen kleinen Schritten damit an, die Beziehung zu sich selbst zu verbessern

Was tun wir nicht alles für gute Beziehungen zu anderen Menschen? Für den Frieden in der Nachbarschaft, für das gute Einvernehmen mit Partner und Kindern, für das kollegiale Klima im Betrieb.

Manche Leute tun alles dafür. Sie sind gefällig, immer freundlich, auch wenn ihnen zum Heulen zumute ist, und sie unterdrücken ihre schönsten Wünsche und Bedürfnisse nur aus dem einen Grund: um nicht anzuecken.

Man mag uns, weil wir so lieb und nett, immer freundlich und gefällig sind. Oder, um es anders zu sagen: Wir machen uns bei anderen lieb Kind auf Kosten unserer guten Beziehung zu uns selbst.

»Alle mögen mich«, was ist diese naiv-stolze Behauptung denn tatsächlich wert? Sie mögen uns, solange wir gefällig sind und uns selbstverleugnen. Sobald wir uns nicht mehr ausnützen lassen und eigene Ansprüche stellen, zeigen uns diese lieben netten Menschen, die uns so sehr mögen, garantiert die Krallen.

Auch die eigenen Kinder gehören dazu. Natürlich auch der Partner.

Das ist die Realität des Lebens. Das wissen Sie aus eigener Anschauung genauso wie wir. Daran ändert sich auch nichts, wenn Sie davor die Augen verschließen und hoffen, daß sich der Dschungelkampf des Alltagslebens irgendwann einmal in eine Welt verwandelt, in der jeder jeden liebt.

Jeder soll jeden lieben. Warum eigentlich? Warum greifen wir immer wieder auf diese aussichtsloseste aller Erwartungen zurück, von der wir aus jahrtausendlangem Wissen eindeutig schließen können, daß sie sich nicht erfüllt?

Wenn ich mich an die Hoffnung klammere, daß jeder eines Tages jeden liebt, kann das zwei Gründe haben:

● Ich flüchte in eine unerfüllbare Illusion, damit ich selbst nichts tun muß, um in meinem Leben etwas zum Besseren zu verändern.

● Ich profitiere davon, daß andere sich dieser Illusion hingeben.

Sicher jedenfalls ist dies: Wenn ich von anderen erwarte, daß sie mich lieben, bin ich für alle Zeiten davon abhängig. Falls sie mich immer wieder enttäuschen – und das tun sie –, kann ich mich als schwachen Trost so lange wegen der Unverläßlichkeit der Mitmenschen selbst bedauern, bis wieder einmal die ganz große Liebe bei mir vorbeischaut. Und es beginnt alles von vorne.

Wie Sie es auch drehen und wenden, die verläßlichste aller Lösungen ist und bleibt, daß Sie mit der Liebe und dem Frieden bei sich selbst beginnen.

In kleinen Schritten.

An jedem Tag, ohne einen Tag auszulassen. Das ist wichtig. Sich jeden Tag bewußt und gezielt um sich selbst zu kümmern, sich mit sich anzufreunden, ist eine Frage des Prinzips. Sie müssen sich dadurch klarmachen, daß Sie selbst sich wichtiger nehmen als das, was andere von Ihnen erwarten.

Das heißt: Sie müssen lernen, sich aus Überzeugung *wichtig* zu nehmen.

Denn unsere Selbstverleugnung beginnt damit, daß wir sagen: »Ich möchte gerne dies oder jenes für mich tun, aber ich bin so beschäftigt, daß mir bisher einfach keine Zeit dazu geblieben ist.«

Dies bedeutet: Ich bin so beschäftigt für *andere*, deshalb habe ich bisher noch keine Zeit für mich gehabt. Bisher keine Zeit für sich zu haben, heißt, keine Zeit zu haben, sich selbst zu würdigen und glücklich zu machen.

Es kann auch bedeuten: Ich flüchte mich in die Geschäftigkeit für andere, weil ich Angst davor habe, mich mit mir zu beschäftigen. Geschäftigkeit und Hektik, angebliche Sorgen um andere und vorgebliches Verantwortungsbewußtsein für Mitmenschen, die Firma oder Organisationen sind beliebte Ausreden für die Flucht vor uns selbst.

Gehören Sie zu diesen Leuten?

Sagen Sie jetzt nicht: »Na ja, aber...«

Gestehen Sie sich ehrlich ein: »Ja« oder »Nein«.

Wenn Sie dazu gehören, dann tun Sie gut daran, damit anzufangen, sich ab sofort entschlossen Zeit für sich zu nehmen. Entschlossen, das heißt: Sie beschließen, sich in der nächsten Viertelstunde nur mit sich selbst zu beschäftigen und mit niemand anderem.

Wenn also jemand kommt und Sie ablenken möchte oder von Ihnen etwas will, sagen Sie ihm freundlich, aber bestimmt: »Ich habe jetzt hier eine Viertelstunde lang etwas zu tun, das mir wichtiger ist als alles andere. Nachher komme ich gerne.«

Das mag Ihnen ein wenig schulmeisterhaft und kleinlich erscheinen. Vielleicht ist es das auch. Es ist allerdings auch ein klares, eindeutiges Signal des Selbstrespektes.

Sich selbst wichtiger zu nehmen – und wenn es nur eine Viertelstunde lang ist – als irgend jemand anderen mit seinen Wünschen und Forderungen, das ist der zweite Schritt zu uns selbst und zur Liebe für uns.

Deshalb ist diese kleine tägliche Übung so wichtig.

Bekennen Sie sich nicht heimlich zu sich. Verteidigen Sie Ihren Selbstrespekt vor den anderen. Das ist die notwendige Selbstprüfung. Damit lernen Sie, zu sich selbst zu stehen.

Sie werden sehen: Wenn Sie den anderen klarmachen, daß Sie zu bestimmten Tageszeiten eine Viertelstunde Ruhe wünschen und nicht gestört werden wollen, weil Sie sich mit dem Wichtigsten in dieser Welt – nämlich mit sich selbst – beschäftigen, wird man bald mehr Respekt vor Ihnen haben.

Der Respekt vor sich selbst wird durch den Respekt der anderen für Sie sichtbar. Dies wird Sie dazu ermuntern, weitere Schritte zu machen.

Versuchen Sie es.

Lassen Sie sich nicht davon abbringen, auch wenn es Ihnen schwerfällt. Niemand kann sich von heute auf morgen ändern. Alles erfordert Ausdauer.

Üben Sie also, sich täglich Selbstrespekt zu erweisen, sich mit einer Viertelstunde in einer stillen Ecke ungestört an sich zu denken und an sonst nichts und niemanden.

10. Anregung:

Versuchen Sie, aus der täglichen Viertelstunde mit sich selbst das Beste zu machen

Als einer Gruppe von Teilnehmern eines Lebensschule-Seminars der Vorschlag gemacht wurde, doch einmal eine Viertelstunde lang still zu sitzen und sich mit nichts anderem als mit sich selbst in positiver Weise zu beschäftigen, wurde später die Frage sehr heftig diskutiert: »Wie macht man das eigentlich?«

Eine junge Frau meinte: »Das war ja ungeheuer schwierig. Schon nach drei Minuten habe ich nichts anderes gedacht als an meine Kinder, die ich für dieses Wochenende bei meiner Schwiegermutter gelassen habe.«

Sie gab zu: »Ich dachte die ganze Zeit an meine Kinder statt an mich. Wenn ich aber an mich dachte, waren es keineswegs positive Gedanken. Irgendwie machte ich mir Vorwürfe, daß ich so egoistisch war, in dieses Seminar zu gehen und meiner Schwiegermutter die Arbeit mit den Kindern aufzuhalsen.«

Sind solche Gedanken nicht typisch?

Die Schwiegermutter ist wichtig, die Kinder sind wichtig. Deren Wohlbefinden drängt sich in den Vordergrund unseres Denkens, und wir selbst machen uns zu den Schuldigen. Den anderen soll es gutgehen – auf unsere Kosten.

Dieses eingelernte Schuldgefühl ist einer der Störfaktoren, wenn wir uns hinsetzen, um positiv an uns zu denken. Wie kann man das ändern?

Zuallererst – wie nicht oft genug betont werden kann – ist es wichtig, die eindeutige Entscheidung für uns zu fällen. Es muß die klare und bewußte Entscheidung sein: »Ich bin mir wichtiger als alles andere in der Welt. Dies ist die Grundlage dafür, eine immer besser werdende Beziehung zu mir herstellen zu können.«

Wenn ich nur eine halbherzige Entscheidung für mich fälle, wird das Ergebnis auch nur halbherzig sein.

Wenn Sie also diese Entscheidung gefällt haben, setzen Sie sich zu Ihrer »Viertelstunde mit mir« mit dem Gedanken hin: »Jetzt bin ich mit mir allein, mit dem Menschen, den ich mag, dem ich Gutes tun will, auf den ich mich am besten verlassen kann.«

Setzen Sie sich hin, machen Sie es sich bequem. Richtig bequem. Schütteln Sie die Verkrampfungen aus Ihrem Körper. Es seinem Körper bequem zu machen und sich fallenzulassen heißt, sich selbst etwas Gutes zu tun.

Sie, das ist auch Ihr Körper. Genauso wie Ihr Fühlen und Denken. Wenn alles das, was *Sie* ausmacht, locker und entspannt ist, dann fühlen Sie sich gut mit sich selbst. Dann verstehen Sie auch bald, daß niemand Ihnen so viel Entspannung verschafft, als Sie selbst es können.

Wenn andere es versuchen, dann wollen sie bloß etwas von Ihnen, oder sie tun es in jedem Falle aus zweiter Hand.

Verschaffen Sie sich aus erster Hand die Harmonie mit sich selbst. Und zwar, wann und wo *Sie* wollen. Warten Sie nicht, bis irgend jemand für Sie Zeit hat. Sie selbst haben immer für sich Zeit.

Vorausgesetzt, Sie machen sich bewußt, daß Sie Zeit für sich haben können, wenn Sie nur wollen. Sie können sich schließlich im größten Trubel für ein paar Minuten in sich selbst zurückziehen, die Augen schließen, ein paar ganz tiefe beruhigende Atemzüge machen und sich sagen: »Die da draußen mögen mich nicht, aber das macht nichts. *Ich* mag mich. Ich liebe mich. Ich liebe mich auch dann, wenn andere mich nicht oder nicht mehr lieben. Das gibt mir diese wunderbare Sicherheit, nach der ich mich immer gesehnt habe.«

Zu lernen, sich eine Viertelstunde am Tag mit sich allein sicher zu fühlen – darum geht es.

Wenn wir das gelernt und immer mehr Freude daran gefunden haben, können wir diese Zeit auf viele kleine, zwei, drei Minuten dauernde »Meetings mit mir selbst« ausdehnen.

- Wenn man uns geärgert hat.

- Wenn man uns verunsichert hat.

- Wenn sich Angst vor anderen Leuten oder der Zukunft in unser Denken einschleicht.

Das ist der unbezahlbare Vorteil, die einfache Technik des Mit-sich-allein-sein-Könnens geduldig zu üben.

Das Prinzip heißt: Ich schaue nach innen und nicht nach außen. Was in dieser Zeit um mich herum vorgeht, interessiert mich nicht. Vor allem aber: Ich ziehe es in dieser Zeit nicht zu mir herein in meine glückliche Insel im Trubel des Alltagssturmes.

Ich trete in mich ein und mache die Türe zu.

Einer der erwähnten Seminar-Teilnehmer fand seine Lösung auf die Frage: »Wie macht man das, mit sich allein zu sein?«, indem er sich vorstellte: »Ich mache die Augen zu, atme ganz tief und ruhig und stelle mir bildlich vor, wie ich in mich eintrete und die Tür fest hinter mir zumache.«

Sich ganz deutlich vorzustellen, wie wir uns mit uns selbst im sorgendichten Raum hinsetzen und uns wohl fühlen. Das ist eine mögliche Technik.

Dann sitzen Sie also da und beginnen den Dialog mit sich. Beginnen Sie mit einigen Fragen, die Sie sich stellen, damit Sie erst gar keine Möglichkeit haben, an Schwiegermütter, Kinder, Partner, Chef, gemachte Fehler oder erlittene Enttäuschungen zu denken – stellen Sie sich selbst ein paar Fragen. Etwa:

- Bin ich jetzt glücklich mit mir?

- Wenn die Antwort »Nein« lautet, fragen Sie sich weiter: Warum bin ich nicht mit mir glücklich?

- Und: Gibt es irgend jemanden, auf den ich mich bis zu meinem Lebensende mehr verlassen könnte als auf mich?

- Ist es nicht das einzig richtige, mit mir selbst Freundschaft zu schließen. Mich so zu mögen, wie ich bin?

- Sind die Fehler, die mich an mir stören, nichts als Vergleiche mit anderen Leuten und deren Maßstäbe für *ihr* Leben?

- Warum versuche ich nicht, mir einfach einen Monat lang täglich zwanzigmal vorzusagen: »Ich liebe mich so, wie ich bin, weil ich der einzige Mensch bin, der wirklich an mir interessiert ist?«

Wenn Sie anfangen, auf diese Weise mit sich zu kommunizieren, werden Sie bald erstaunt sein, welchen Spaß das macht. Sie werden Hintergründe entdecken. Sie werden den Mut haben, Dinge zu überdenken, denen Sie bisher ausgewichen sind.

Sich über sich selbst Gedanken zu machen, das ist der Anfang zur besseren Beziehung zu sich selbst. Uns nicht mehr zu belügen, uns nicht mehr nach den Maßstäben der anderen Leute zu messen, sondern selbst den entscheidenden Maßstab für uns festzulegen. Nämlich: »Ich bin ich. Ich bekenne mich dazu. Wie ich bin, bin ich einmalig. Zu mir gehören meine guten Seiten und meine weniger guten, auch meine Gebrechen gehören dazu. Es sind ja nur Gebrechen in den Augen anderer Leute. Ich aber vergleiche mich mit niemandem.«

Weil diese Anregung Nummer 10 ein so entschlossener Schritt auf dem Weg zu sich selbst für Sie sein könnte, empfehlen wir Ihnen, sie noch einmal von vorne zu lesen und dann diesen Schritt ganz einfach einmal auszuprobieren.

Damit wir uns richtig verstehen: Sie sollten nichts nachmachen. Sie sollten das Experiment mit sich selbst so beginnen, wie es Ihnen Freude macht. Finden Sie Ihren eigenen Weg zu sich. In diesem Band versuchen wir nur, Sie mit einigen aus der Praxis kommenden Erfahrungen anzuregen.

Also: Viel Spaß auf diesem Schritt zu sich selbst.

11. Anregung:

Gehen Sie der eindeutigen Entscheidung nicht aus dem Weg, ein Bekenntnis abzulegen

Noch nie in der Entwicklung der Menschheit war die Zeit so schnellebig wie heute. Kaum haben wir das Allerneueste gekauft, ist es wieder veraltet.

Oder besser: Man sagt uns, daß es veraltet ist, und bietet uns gleichzeitig das Allerneueste an. Millionen Menschen lassen sich durch diese Botschaft ständig in Bewegung halten. Sie lassen sich vorantreiben und sind ständig darauf aus, »in« zu sein, modern zu sein, sich zeitgemäß zu verhalten und nichts zu versäumen.

Sie sind auf diese Weise ständig auf der Suche nach irgend etwas, von dem Sie im Grunde genommen gar nicht wissen, was es ist. Sie sollen es auch nicht wissen. Sie sollen die Zusammenhänge nicht durchschauen.

Warum nicht?

Weil die Leute, die daran interessiert sind, daß wir ständig auf der Suche sind, davon leben und ihre Vorteile daraus ziehen, daß wir selbst nicht wissen, was wir brauchen.

Das ist das Wesen unserer Konsumgesellschaft.

Es ist für viele Menschen zu einem Lebensstil geworden. Mit allen Konsequenzen, die damit verbunden sind. Einige dieser Konsequenzen sind:

- Der Massenkonsum braucht Massenverhalten, das für jene, die daran interessiert sind, gezielt lenkbar ist.

- Die Anpassung an die Mehrheit oder den Durchschnitt wird immer mehr zum Lebensprinzip.

- Mit der Anpassung an das Außen nimmt die Verleugnung der inneren, natürlichen, individuellen Bedürfnisse ab.

- Sich selbst zu verleugnen, um mit dem, »was man tut«, konform zu gehen, bedeutet, daß wir ständig mit uns selbst und unseren einfachen Bedürfnissen in Konflikt geraten. Wir sind gezwungen, uns den ständig wechselnden Ansprüchen von außen anzupassen.

- Auf diese Weise geht uns der Instinkt für unsere wirklichen Wünsche und Bedürfnisse verloren.

- Statt uns zu lieben, beginnen wir allmählich, uns zu verachten, zu quälen und abzuwerten, weil wir es nie schaffen, es den Erfordernissen der Umwelt recht zu machen.

Wir bewegen uns im Kreis auf der ständigen Flucht vor uns selbst und auf der Suche nach der Erfüllung in einem Glück, das andere uns versprechen.

Wer sich diesem verhängnisvollen Kreislauf entziehen will, muß eine eindeutige Entscheidung fällen.

Die Entscheidung für sich selbst.

Tatsächlich gibt es nur zwei Alternativen für uns alle:

Alternative eins: Ich bewege mich mit dem Strom der anderen und unterwerfe mich den Regeln, die mir diktiert werden.

Alternative zwei: Ich bleibe stehen, finde mich selbst und entdecke wieder meine eigenen Bedürfnisse. Ich stelle meine eigenen Regeln auf und lasse alles an mir vorbeiziehen, was nicht meinen Bedürfnissen entspricht.

Wenn hier ständig von »eigenen Bedürfnissen« die Rede ist, dann setzt dies voraus, daß ich meine wirklichen Bedürfnisse auch kenne.

Denn der letzte Sinn meiner Liebe zu mir bedeutet praktisch nichts anderes, als mich so sehr zu mögen, daß ich bereit bin, alles für mich zu tun, mir Gutes zu tun, mich auch in der größten Krise nicht im Stich zu lassen.

Mit anderen Worten: Mich selbst zuallererst zu lieben, heißt, mir selbst zuerst alle jene Freuden des Lebens zu bereiten, von denen mir eingeredet worden ist, daß ich sie anderen bereiten soll.

Aber sagen Sie ehrlich: Welchen Grund sollte es für uns geben, für andere Menschen Opfer zu bringen, die wir nicht zuerst bereit wären, für uns selbst zu bringen?

Warum sollte für mich irgendein anderer Mensch wertvoller sein als ich selbst?

Bin ich nicht auf dieser Welt, um zuallererst für mich und mein Überleben in Selbsterfüllung und Glück zu sorgen? Denn jeder *andere* ist ja ganz offensichtlich auch mit diesem Auftrag der Natur zur Welt gekommen.

Das ist die eindeutige Entscheidung, die es zu fällen gibt, wenn wir zur Einsicht gelangen, daß wir selbst der Mittelpunkt unseres Lebens und der Anfang unserer Liebe sind. Es ist die Entscheidung:

»Ich bin der Mittelpunkt meines Lebens. Ich lebe mein Leben und nicht das Leben irgend jemand anderen. Ich bin mein Maßstab. Ich bringe mir selbst die größten Opfer. Ich bin für mich, mein Glück, meine Liebe verantwortlich. Deshalb beginnt meine Liebe bei der Liebe zu mir. Heute, bis ans Ende meiner Tage.«

Dies ist das wörtliche Bekenntnis eines Teilnehmers

an einem Lebensschule-Seminar, nachdem er aufgefordert worden war, es schriftlich zu formulieren.

»Jetzt«, so erklärte er später, »fühle ich mich erleichtert wie schon lange nicht. Ich fühle mich nicht mehr getrieben. Aus diesem Bekenntnis zu mir selbst schöpfe ich die Kraft, still zu stehen und die Hektik der Welt an mir vorbeiziehen zu lassen. Es ist ein ganz neues, tolles Gefühl für mich.«

Zugegeben, was bei diesem Mann eine für ihn so erfreuliche Veränderung seines bisherigen Lebens herbeiführte, mag auf Sie möglicherweise nicht den geringsten Anreiz ausüben. Es sollte auch kein Rezept für irgend jemanden sein, es pedantisch nachzuvollziehen.

Es sollte nur eine Möglichkeit einer individuellen Lösung eines Bekenntnisses zu sich selbst aufzeigen. Eine von vielen. Finden Sie Ihre eigene Lösung, wenn Sie spüren, daß Sie in Ihrem Leben in Zukunft mehr für sich tun möchten.

Eines allerdings kann ganz allgemein empfohlen werden: Es ist besser, sein Bekenntnis zu sich selbst schriftlich abzulegen, als nur darüber nachzudenken.

Was wir aufschreiben, bindet stärker und hält länger.

12. Anregung:

Machen Sie sich mit der Vorstellung vertraut, daß man Liebe lernen und trainieren kann – wie alles andere im Leben auch

Die Vorstellung, daß man Liebe erlernen und trainieren könnte, mag manchem Leser ungewohnt erscheinen. Aber ist es wirklich so außergewöhnlich?

Wir können uns Krankheiten einreden. Oder Gesundheit. Wir können ein Versagen programmieren, indem wir uns lange genug vorstellen, wie wir etwas nicht schaffen. Natürlich können wir auch gezielt unsere Gefühle beeinflussen.

Wenn Sie in Ihrem Herzen tieftraurig sind und lange genug nach außenhin lachen, Witze erzählen und anhören, wird die vorerst gespielte äußere Fröhlichkeit bald die Traurigkeit verdrängen.

Vielleicht haben Sie schon von dem französischen Arzt Emile Coué gehört, der seinen Patienten den Rat gab, immer wieder den Satz zu denken: »Mir geht es von Stunde zu Stunde in jeder Hinsicht besser und besser.«

Die Auswirkungen waren so bemerkenswert, daß Coué bis heute als der Entdecker der »Autosuggestion« gilt, einer einfachen Technik, sich selbst zu beeinflussen.

Es gibt keinen ersichtlichen Grund, warum wir das Gefühl Liebe in uns nicht beeinflussen könnten. Wenn wir erst einmal beschlossen haben, zu uns selbst ein größtmögliches Maß an Liebe aufzubauen, gibt es zwei mögliche Techniken, ans Ziel zu kommen:

Erstens:

Wir können eine ehrliche Rechnung machen, indem wir auf einem Blatt Papier auf der linken Seite Punkt für Punkt eine Liste aufstellen unter dem Titel: »Alle meine Gründe, mich nicht zu lieben«, und auf der rechten Seite eine zweite Liste unter dem Titel: »Alle Gründe, mich mehr zu lieben als irgend jemand anderen.« Dann vergleichen wir die einzelnen Punkte und entwickeln daraus eine Strategie.

Sie kann darin bestehen, daß wir alle Ursachen, uns nicht zu lieben, genau untersuchen und uns daranmachen, sie schrittweise abzubauen. Dies ist ein Weg, der eher für Menschen geeignet ist, die ganz allgemein in ihrem Leben zu analytischen, vernünftigen, systematischen Lösungstechniken neigen.

Zweitens:

Wir können eine autosuggestive Technik benützen und uns sagen: »Ich weiß, daß ich ein gestörtes Verhältnis zu mir habe. Ich mag mich nicht, nörgle ständig an mir herum, habe kein Vertrauen in mich und glaube nicht an mich.«

Und weiter: »Irgendwo in mir muß das Zentrum dieses ständig nagenden Unbehagens sein. Es kommt über den Weg meiner Gedanken und meiner Phantasie in mein Bewußtsein und breitet sich dort immer weiter aus, bis ich mich manchmal sogar selbst hasse.«

Schließlich: »Wenn mir meine Gedanken diese selbstzerfleischenden Botschaften aus dem Nörgelzentrum heraus vermitteln, dann werde ich jetzt diesen Weg über die Gedanken dazu benützen, eine neue Botschaft so lange in das Nörgelzentrum zurückzutragen, bis sie dort die alte verdrängt.«

Die Botschaft lautet: »Egal, was passiert, ich mag mich. Ich traue mir. Ich vertraue mir. Ich glaube an mich. Ich liebe mich, und zwar so, wie ich bin.«

Es gibt keinen zwingenden Grund, warum die beiden hier angeführten Techniken nicht unter bestimmten Voraussetzungen dazu führen können, ein besseres Verhältnis zu uns selbst aufzubauen. Ein Verhältnis, das sich Schritt für Schritt über mehr Selbstvertrauen, Selbstbewußtsein und innere Harmonie eines Tages zu dem entwickelt, was wir unter Liebe verstehen.

Wobei es durchaus sein kann, daß mit der Zunahme des Verständnisses für sich selbst dieser Begriff Liebe für Sie an Bedeutung verliert.

Möglicherweise ersetzen Sie ihn dann durch den Wunsch nach einer vollkommenen Harmonie mit sich. Oder sehen Ihr Ziel darin, »eins« zu werden mit sich und der Welt und jener großen Ordnung, die das Universum bestimmt.

Liebe, das sollten Sie einmal überlegen, ist ein von Menschen definierter Begriff. Haben Sie jemals bedacht, ob diese Definition für Sie ganz persönlich überhaupt zutrifft?

Nicht wenige Menschen können gar nicht genug über das Wunder Liebe, über die Notwendigkeit der Liebe füreinander reden. Und das alles nur aus einem einzigen Grund: Um sich und andere darüber hinwegzutäuschen, daß sie zur Liebe gar nicht fähig sind. Ihr schlechtes Gewissen, ihr Schuldgefühl darüber, nicht zu jenen zu gehören, die »zur Liebe begnadet sind«, versuchen sie zu verbergen, indem sie ständig darüber reden.

Wie impotente Männer, die ständig eindeutige Witze erzählen oder bei jeder Gelegenheit betonen, wie gut sie als Liebhaber sind.
Oder wie Hausfrauen und Mütter, die den ganzen Tag über nicht müde werden, jedem mit leidvollem Gesichtsausdruck ausführlich zu schildern, wie viel sie wieder zu tun hätten.

Aber lassen Sie uns zu den beiden angeführten Techniken zurückkommen, mit denen wir – neben anderen – eine harmonische Beziehung zu uns selbst aufbauen können. Die Voraussetzung, die für einen Erfolg unbedingt erforderlich ist, lautet: Sie müssen die Technik, für die Sie sich entschieden haben, täglich trainieren.

Wenn Sie bis jetzt diesen Band nicht nur gelesen, sondern die Anregung befolgen, sich täglich eine Viertelstunde für die Beschäftigung mit sich selbst zu reservieren, dann ist dies die beste Voraussetzung für die Anwendung einer der beiden angeführten Techniken. Oder beider.

Um es noch einmal eindringlich zu sagen: Die Voraussetzung dafür, Ihre Gefühle und Ihre Einstellung zu sich selbst zu ändern, ist das regelmäßige Einüben Ihrer Zielsetzung.

Wenn Sie sich dazu entscheiden, einen Monat, ein Jahr oder für den Rest Ihres Lebens die Liebe zu sich selbst täglich einzuüben, gibt es auch keinen Grund dafür, ungeduldig zu sein.

Sie wissen ja: Weil ich mich mag, gebe ich mir jede Zeit, die ich brauche. Ich hetze mich nicht, ich nörgle nicht an mir herum, weil es mir zu lange dauert, bis sich die erwarteten Erfolge einstellen.

»Ich habe Geduld mit mir«, schon dieses positive Selbstverständnis ist ein Schritt der Zuneigung zu sich selbst. Sie ist *meine* ganz persönliche Alternative zur Umwelt, die mich ständig drängt, vorantreibt und zu erpressen versucht.

13. Anregung:

Versuchen Sie einmal, sich darüber klar zu werden, was Liebe mit Erpressung zu tun hat

Sich täglich eine Viertelstunde hinzusetzen, die Außenwelt auszusperren und nur für sich selbst dazusein – das ist die Grundlage dafür, sich Schritt für Schritt lieben zu lernen.

Es wird Ihnen – falls Sie sich einmal dafür entschieden haben – nicht von heute auf morgen gelingen. Mancherlei Hindernisse werden sich in den Weg stellen. Hindernisse durch ihre Mitwelt und solche, die Sie sich selbst bereiten, wie die: »Ich bin so überlastet, daß ich gar keine Zeit für mich selbst habe.«

Keine Zeit für sich selbst zu haben, ist das nicht wirklich das scheinheiligste aller Argumente? Nichts ist schließlich lächerlicher, als unsere angebliche Opferbereitschaft für andere als Entschuldigung dafür anzuführen, daß wir nicht einmal eine Viertelstunde für uns selbst erübrigen können.

Viele Menschen sind wahre Meister im Erfinden von Entschuldigungen, wenn es gilt, einer Konfrontation mit sich aus dem Weg zu gehen. Nächstenliebe, Opferbereitschaft, Mitleid und Pflichterfüllung, das sind die verlogenen Slogans dieser Zeit, mit denen man uns erpreßt, wenn wir nicht auf der Hut sind.

Wenn uns jemand fragt: »Haben Sie denn gar kein Herz für Tiere?«, ist es nichts anderes als ein Erpressungsversuch. Genauso wie der Vorwurf: »Ich liebe dich über alles in der Welt, aber du hast mich bitter enttäuscht.«

Wenn Eltern ihrem Kind vorhalten: »Sei schön brav, sonst mag ich dich nicht mehr«, ist es Erpressung mit Liebesentzug. Genauso wie die Drohung des jungen Mannes, der seinem zögernden Mädchen sagt: »Wenn du mich wirklich liebst, dann mußt du es mir auch beweisen.« In den meisten Fällen geht die junge Dame daraufhin tatsächlich mit dem Erpresser ins Bett. Einerseits, weil sie nicht zickig sein will. Andererseits, weil sie sich lieber erpressen läßt, als daß ihr Freund sie für ein anderes Mädchen verläßt, das weniger schamhaft ist.

Liebe als Mittel zur Erpressung. Es mag Sie schockieren, aber Sie und wir alle begegnen dieser Methode ja an jedem Tag. Warum, muß man sich fragen, sind wir in diesem Punkt so leicht erpreßbar?

Wir sind es großteils deshalb, weil wir die Liebe immer ganz woanders suchen als in uns selbst. Oder, um es noch deutlicher zu sagen: Die Liebe zu anderen – gleichgültig, auf welche oberflächliche Weise wir sie uns erkaufen – ist der Ersatz dafür, uns selbst nicht zu lieben.

Wir brauchen diese Ersatzliebe als Rechtfertigung. Das wissen alle ganz genau, die uns mit dem Begriff

Liebe manipulieren. Ihre Strategie ist einfach zu durchschauen:

- Sie reden uns ein Schuldgefühl ein.

- Dann bringen sie die Moral ins Spiel.

- Schließlich bieten sie die Möglichkeit an, uns von unserem Schuldgefühl loszukaufen.

Sie meinen, diese Behauptung sei erfunden oder zumindest weit hergeholt? Das ist sie sicherlich nicht. Diese Strategie der Erpressung ist Jahrhunderte alt. Es gab Zeiten, da verlangten Kirchenmänner Geld von Gläubigen, die sich von ihren Sünden loskaufen wollten.

»Du bezahlst, und wir sprechen dich von deinen Sünden frei«, das war das bewährte einträgliche Motto jener Zeit. Es hat sich daran bis heute nicht viel geändert. Jetzt heißt es: »Wenn du deine Familie liebst, dann schließt du noch heute einen Versicherungsvertrag bei uns ab.«

Wir bezahlen aus Schuldgefühl, weil natürlich kein anständiger Vater sich vorwerfen lassen möchte, seine Familie nicht zu lieben. Selbst wenn er sie nicht liebt und auch nie geliebt hat, würde er es doch nicht öffentlich eingestehen.

Das ist die enge Verbindung des Begriffes Liebe mit dem Begriff Heuchelei. Wir dürfen alles, nur eines nicht: uns dabei erwischen lassen.

Selbst bei Gericht wird es wohlwollend gewürdigt, wenn – wie es kürzlich der Fall war – ein junger Mann seinen Vater tötete und es damit rechtfertigt, daß er es aus Liebe zu seiner Mutter tat, die von ihrem Mann zeitlebens gequält worden war.

Liebe dient als Mittel der Manipulation, um einmal das harte Wort Erpressung zu vermeiden, über den Umweg des Schuldgefühls. Dies setzt allerdings voraus, daß wir bereit sind, Schuld auf uns zu nehmen.

Haben Sie schon einmal überlegt, wie Schuldgefühle oder Gewissensbisse in uns entstehen? Sie entstehen, wenn wir etwas tun, von dem wir eingelernt bekamen, daß es verboten ist und bestraft wird.

Wir wissen meistens gar nicht genau, wer uns bestraft. Aber wir haben Angst vor der Bestrafung. Diese Angst macht uns so unsicher, daß wir ganz automatisch Reue empfinden und uns notfalls selbst bestrafen.

Ehemänner, die ihre Frau mit einer ständigen Freundin betrügen, bestrafen sich nicht selten dafür zweimal: bei der Frau, indem sie ihr dicke Pelzmäntel kaufen; bei der Freundin, der sie eine Wohnung einrichten.

Vermutlich werden Sie über dieses Beispiel lächeln, aber kennt nicht fast jeder von uns so einen Fall?

Die Moral lautet: Ein verheirateter Mann darf seine Frau nicht betrügen, er muß sie vielmehr – wie er es versprochen hat – in Freud und Leid bis ans Lebensende lieben und ihr treu sein. Jedermann weiß inzwischen aus den ständig neu ermittelten Statistiken über das Verhalten von Eheleuten, daß es nur wenige Paare gibt, die einander eine ganze Ehe lang treu sind. Trotzdem gilt Untreue noch immer als eine Art Sünde, für die man schuldig zu sein und Buße zu tun hat.

Nicht wenige liebende Ehefrauen sind auch gar nicht besonders unglücklich darüber, wenn sie den Gemahl bei einer Untreue ertappen. Sie erpressen und erniedrigen ihn damit bis ans Ende seiner Tage. Alles unter dem scheinheiligen Mäntelchen der betrogenen Liebe. Vorausgesetzt natürlich, der Gemahl ist bereit, sich schuldig zu fühlen.

Er könnte auch den Spieß umdrehen und sagen: »Bei aller Liebe zu dir, mein Schatz, gibt es auch noch andere liebenswerte Menschen. Wenn du damit nicht leben kannst, sollten wir uns möglichst bald trennen.«

Eine Tatsache – ob sie nun gut, edel, moralisch oder verworfen ist – als Realität zu akzeptieren, ohne sie sofort mit der versprochenen ewigen Liebe in Verbindung zu bringen, hätte vermutlich viele Ehen gerettet, die an der Erpressung gescheitert sind.

14. Anregung:

Überprüfen Sie doch einmal kritisch, was Sie bisher aus diesem Band erfahren haben

Es erscheint jetzt an der Zeit, daß Sie beim Lesen dieses Bandes innehalten und überprüfen, welche Anregungen Ihnen bisher nützlich erschienen.

Setzen Sie sich an einen stillen Platz, entspannen Sie sich, indem Sie einige ganz ruhige tiefe Atemzüge machen, und lassen Sie Ihren Gedanken freien Lauf, wenn Sie folgende Fragen beantworten:

Was hat Sie an dem bisher Gelesenen gestört?

Was hat Sie nachdenklich gemacht?

Was hat Ihre bisherige Einstellung zu diesem widersprüchlichen Thema verändert?

Denken Sie ungezwungen darüber nach, bereit, alles in Frage zu stellen. Oder nichts. Ohne Voreingenommenheit. Losgelöst von dem, was Sie über die Liebe eingelernt bekamen.

Wir leben in einer Zeit, in der jeder von uns nicht nur die Möglichkeit, sondern wahrscheinlich auch sich selbst gegenüber die Pflicht hat, sich seine eigene Meinung zu bilden.

Sich seine eigene Meinung über die Dinge des Lebens zu bilden, setzt voraus, daß wir die Meinung der anderen, die uns von Kindheit an anerzogen wurde, daß wir diese Gebote und Verbote in Frage stellen.

Sind alle diese Maßstäbe, die angeblich für alle Menschen richtig und bindend sind, auch für *mich* richtig? Das ist die Schlüsselfrage.

Wir können sie nur beantworten, wenn wir wissen, wer wir wirklich sind und wie wir uns unser ganz persönliches Leben vorstellen. Wozu bin ich in dieser Welt? Was will ich eigentlich in den Jahren, die mir noch bleiben?

Welches Ziel lege ich für mein Leben fest?

Haben Sie schon Ihr Lebensziel formuliert? Für sich, ohne irgend jemandem darüber Rechenschaft abzulegen. Haben Sie das getan?

Zu wissen, wer man wirklich ist, ist der Anfang allen produktiven Denkens über sich. Bin ich der, den ich den anderen und vielleicht sogar mir selbst vorspiele, oder bin ich im Grunde meines Wesens jemand ganz anderer?

Viele Menschen haben ein ganzes bisheriges Leben lang nie den Mut gehabt, dieses wahre Ich aus seiner Verdrängung herauszulassen, geschweige denn, es auszuleben und sich vor der Mitwelt dazu zu bekennen.

Sich über diese Grundfragen klar zu sein, ist auch die Voraussetzung dafür, sich über seine Einstellung zum Begriff Liebe klar zu werden. Schließlich kann sich niemand wirklich selbst lieben, wenn er nicht weiß, wer er in Wahrheit ist. Oder es nicht zuläßt, der zu sein, der er wirklich ist.

Wie Sie sehen, ist die Auseinandersetzung mit der Liebe zu sich selbst nicht ein in sich eingeschlossenes Problem. Es berührt die Grundfragen unserer Persönlichkeit.

Wenn Sie also jetzt darüber nachdenken, welche Schlußfolgerungen Sie aus dem bisher Gelesenen ziehen könnten, sollten Sie diesen Aspekt nicht außer acht lassen. Den Aspekt Ihrer ganzen Persönlichkeit als Grundlage Ihrer Einstellung zu den vielfältigen Lebensäußerungen, zu denen auch die Liebe gehört.

Die Liebe.

Lassen Sie es uns wieder einmal anführen: Die Liebe ist eine der schönsten Erscheinungen unseres Lebens. Sie ist der Austausch höchster Sympathie mit anderen Menschen. Sie macht glücklich. Sie gehört zu den Höhepunkten unseres Lebens und macht es damit in seiner täglichen Härte lebenswert.

Alles das kann dieses Gefühl Liebe. Vorausgesetzt, wir lernen, damit umzugehen. Statt unter ihrem Vorwand uns selbst und andere zu täuschen und unglücklich zu machen.

Es gehört zum Wesen des Menschen, unangenehmen Konfrontationen aus dem Wege zu gehen. Meistens sind wir selbst die Opfer dieser Verhaltensweise.

Andere zwingen uns, sie zur Kenntnis und auf sie Rücksicht zu nehmen. Sie setzen uns unter Druck. Sie manipulieren und erpressen uns, damit wir das tun, was für sie von Vorteil ist.

Wenn wir diesen massiven Forderungen unserer Mitmenschen nicht eine klare egoistische Vorstellung entgegensetzen können, werden wir in ein Schein-Leben abgedrängt, indem wir aus Gefälligkeit handeln, statt aus eigener Überzeugung.

Wir lieben aus Gefälligkeit andere.

Wir reden uns ein, daß wir sie lieben. Wir täuschen es ihnen vor. Meistens glauben wir es sogar selbst. Denn es erscheint uns noch immer erträglicher, einem anderen Liebe vorzutäuschen, als uns selbst gegenüber zugeben zu müssen, daß wir nicht imstande sind, uns selbst zu lieben.

Wenn es nach den Vorstellungen der hier vorgeschlagenen Lebenseinstellung ginge, dann wäre die wichtigste Erkenntnis, die Sie bisher aus diesem Band ziehen hätten können, diese: Ich bin der Anfang und der Mittelpunkt meines Lebens – dafür bin ich ganz allein verantwortlich.

Deshalb bin ich auch für meine Liebe verantwortlich.

Ich muß sie kennenlernen, indem ich sie in mir entdecke. Ich muß sie an mir selbst erspüren lernen, ehe ich sie irgend jemand anderem geben kann. Ich muß ihre schönen Seiten kennen, aber auch die Heuchelei, die Verlogenheit und die Enttäuschung, die mit ihr verbunden sind.

Die Realität des Lebens zu kennen, ist die Voraussetzung dafür, sie mit unserer Utopie des Glücklichseins in Einklang bringen zu können.

Die Realität des Lebens zu *kennen*. Vermutlich ist das noch nicht genug. Es genügt nicht, sie zu kennen. Wir müssen sie uns auch eingestehen.

Sich eingestehen, wenn wir uns bisher über die Liebe einseitige Vorstellung machten und alles verdrängten, was wir aus Bequemlichkeit nicht wissen wollten. Wenn dieser Band Sie bisher auch dazu ermuntern konnte, hat er einen wichtigen Teil seiner Absicht bereits erfüllt.

15. Anregung:

Alle Ratschläge für körperliche Liebe sollten mit dem Vorschlag beginnen: »Lerne deinen eigenen Körper zu lieben.«

Zu den großen Tabus im Bereich der Liebe gehört das Thema: Liebe zum eigenen Körper. Als vor Jahren einmal eine zugegebenermaßen ein wenig ausgeflippte Rocksängerin in einer Fernsehdiskussion unverhohlen andeutete, wie sie sich selbst sexuell befriedigt, wurde der Moderator, der dies zuließ, prompt von seinem Posten entfernt. So streng sind die Hüter der Moral.

Es sind die Hüter der Moral und der Nächstenliebe, die sich die Macht anmaßen, anderen Menschen ihre Vorstellungen aufzuzwingen. Obwohl gerade Nächstenliebe dazu führen könnte, die Meinungsäußerung eines anderen Menschen auch dann zu respektieren, wenn sie einem selbst peinlich ist.

Jedenfalls erscheint es logisch anzunehmen, daß die Unterdrückung der Meinung einzelner nichts mit Nächstenliebe zu tun haben kann.

Trotzdem ist unsere Welt voll von Aposteln und Predigern, die nicht davon zurückschrecken, ihre Vorstellung von Liebe auch mit Gewalt zu erzwingen.

Zu den Tabus, die ein Großteil dieser Moralapostel

noch immer mit Zähnen und Krallen verteidigen, gehört das Thema Selbstbefriedigung. Wobei gesagt werden muß, daß schon allein die Konstruktion dieses Wortes ein Ausdruck von Voreingenommenheit ist.

Diese Voreingenommenheit hat religiösen Ursprung, wie überhaupt Sexualität eine entscheidende Rolle in der christlichen Morallehre spielt. Sie enthält beispielsweise die Maxime: »Wer beim Geschlechtsverkehr Lust verspürt, begeht eine Todsünde, für die er Buße tun muß.«

Obwohl diese Lehre schon vor Jahrhunderten aufgestellt wurde, sind ihre Auswirkungen noch tief in unserem heutigen Verhalten verankert.

Es ist noch gar nicht so lange her, als Kirche und Ärzte – also die Repräsentanten von Moral und Wissenschaft – vereint erklärten, Selbstbefriedigung mache krank und sei als abartiges Verhalten streng zu behandeln.

Tatsächlich wurden eigene Apparate entwickelt, mit denen der Penis von Jugendlichen nachts der Berührung entzogen wurde. In Klosterschulen wurde streng darauf geachtet, daß Kinder nachts mit den Händen außerhalb der Decke schliefen, damit sie sich nicht an den Geschlechtsteilen berühren konnten.

Wie, so können wir heute fragen, kann ein Mensch jemals seinen eigenen Körper akzeptieren und Harmonie zwischen Seele, Geist und Körper aufbauen, wenn er von Kindheit an dazu gezwungen wird, einen bestimmten Körperteil zu hassen, weil er ihm alle diese Schwierigkeiten bereitet?

Wenn also ein junger Mann, dem sein Penis, sein Lustempfinden beim Geschlechtsverkehr oder der Selbstbefriedigung als die schrecklichste aller Todsünden dargestellt wurde, wie soll er jemals seinem Gefühl von Liebe einem anderen Menschen gegenüber mit diesem sündhaften Instrumentarium Ausdruck verleihen können?

Vermutlich wird mancher Leser diese Information als längst überholt betrachten. Als Erscheinungen, die es in der heutigen, angeblich so aufgeklärten Zeit gar nicht mehr gibt.

Tatsache ist, daß es sie noch immer in einem erstaunlich weitverbreiteten Maße gibt. Oder, um es deutlicher zu sagen: Die Auswirkungen sitzen so tief im Verhalten vieler Menschen, daß sie nicht nur viele Ehen zerstören, sondern auch verhindern. Sie führen gelegentlich auch zu Gewalttaten, Morde inbegriffen.

Es kann keinesfalls als Lösung des Problems angesehen werden, wenn Pornofilme in Kinos gespielt oder auf Video mit nach Hause genommen werden können. Detaillierte Anleitungen darüber, wie Sex vollzogen, welche Techniken angewandt und was davon zu erwarten ist, sind keinesfalls Beweise dafür, daß jemand, der allen diesen Dingen gegenüber »offen und tolerant« eingestellt ist, die entscheidende Frage auch gelöst hat: »Liebe ich meinen eigenen Körper als Voraussetzung dafür, den Körper eines anderen Menschen lieben zu können?«

Die hier aufgezeigten Zusammenhänge mögen für den Leser ungewohnt sein. Denn die Verbindung zwischen Liebe, Sex und Körper wird von den meisten Menschen ganz anders gesehen. Etwa so:

● Liebe ist etwas Erhabenes, das nur entfernt mit Sex etwas zu tun hat.

● Sex ist etwas Triebhaftes, das man vorerst und meistens mit negativer Besetzung dem Manne zuordnet. Man tut es, aber man ist sich nicht sicher, ob es einem so, wie man es tun möchte, auch erlaubt ist.

● Der Körper hat eher mit Sex zu tun als mit Liebe. Denn schon der Ausdruck »körperliche Liebe« klingt negativ im Vergleich zu »romantischer Liebe«.

Seinen Körper zu lieben, allein diese Anregung löst bei vielen Menschen Unbehagen aus. Manche Leute sind in ihren Körper so sehr verliebt, daß sie ihn kasteien, sich Muskelpakete antrainieren oder Brüste mit Kunststoff auffüllen lassen.

Aber lieben solche Leute ihren Körper wirklich? Warum lieben sie ihn nicht so, wie er ist? Lieben sie die Tabus an ihrem Körper genauso wie jene Teile, die sie nicht ohne Stolz herzeigen? Oder betonen sie vielleicht bestimmte Teile ihres Körpers nur deshalb, um andere zu verbergen, die sie hassen?

Nicht wenige Menschen hassen Teile ihres Körpers. Jawohl, sie hassen sie. In einer Liste, die Teilnehmer eines Lebensschule-Seminars aufstellten, um sich ihre Beziehung zu ihrem Körper bewußt zu machen, standen folgende Zeilen:

● Ich hasse meinen Analbereich besonders dann, wenn mich meine Hämorrhoiden so sehr jucken, daß ich wahnsinnig werden könnte.

● Ich hasse meinen Körper während der Menstruation, weil mich da mein Mann als etwas Minderwertiges betrachtet. Er sagt, wenn ich Blutungen habe, sei seine Liebe zu mir erloschen.

● Ich hasse meinen Penis, weil er manchmal nicht steif wird, wenn ich mit einer Frau zusammen bin. Er hat mich schon manchmal so im Stich gelassen, daß ich ihn mir wegoperieren lassen wollte, weil er ja doch zu nichts taugt.

Zugegeben, dies waren die erstaunlichsten aller Äußerungen aus einer sehr langen Liste zu der Frage: »Hassen Sie manchmal Ihren Körper?«

Was sagen Sie dazu?

Auch wenn Sie im Verlaufe der Lektüre der vorangegangenen Seiten gelegentlich im Brustton der Überzeugung meinten: »Aber das gibt es doch heute gar nicht mehr.« Oder: »Darüber sind wir doch längst hinweg.« Oder vielleicht auch: »Was mich betrifft, so kann ich guten Gewissens sagen, daß ich meinen Körper mag«, sollten Sie doch den Versuch unternehmen, eine Liste der oben beschriebenen Art für sich selbst aufzustellen.

Eine streng geheime, ganz persönliche Liste, die außer Ihnen niemand zu Gesicht bekommt. Eine ganz ehrliche Liste. Denn Sie brauchen sich dabei ja vor niemandem zu rechtfertigen.

Und noch etwas: Wenn Sie ein wenig selbstgefällig meinen, daß Sie Ihren Körper *mögen*, könnte es doch einen konkreten Grund dafür geben, daß Sie es vermieden haben zu sagen: »Ich *liebe* meinen Körper.«

16. Anregung:

**Haben Sie schon einmal darüber nachgedacht, was eine Ehe glücklich macht?
Tun Sie es!**

Es gilt als wichtigste Voraussetzung für eine glückliche Ehe, wenn die Partner felsenfest der Überzeugung sind, daß sie einander heute und für alle Zeiten lieben. Trotzdem werden in unseren Ländern heute mehr Ehen geschieden als jemals zuvor.

Seltsamerweise hat der Zusammenhang zwischen Heirat, Liebe und Scheidungsraten keineswegs dazu geführt, die Liebe als hervorragende Voraussetzung eines glücklichen Zusammenlebens in Frage zu stellen.

Nüchtern besehen, ist es ganz offensichtlich, daß sich die Liebe zueinander allein als Fundament einer glücklichen Ehe kaum eignet:

- *Die Liebe* ist ein wandelbares Hochgefühl. Unverläßlich. Empfindlich. Vergänglich und ständig gefährdet.

- *Die Ehe* ist als dauerhafte Institution gedacht, in der zwei Menschen gemeinsam aus dem Leben mehr machen sollten, als sie es allein könnten. Verläßlich. Verständnisvoll. Sicher.

So besehen, ist die Liebe zwischen zwei Menschen – was auch immer sie zum Zeitpunkt der Hochzeit darunter verstehen mögen – eine denkbar schlechte Voraussetzung für ein langes glückliches Zusammenleben.

Der Ewigkeitsanspruch der Ehe verträgt sich nicht mit der Vergänglichkeit der Liebe. Das eine braucht ganz andere Voraussetzungen als das andere. Natürlich unterscheiden sich auch die Folgen in auffälliger Weise.

Hier sind die sechs wichtigsten Voraussetzungen für eine Ehe, die glücklich und dauerhaft sein soll:

1. Die Partner bekennen sich zu gemeinsamen Regeln des täglichen Zusammenlebens.

2. Sie haben ihre Toleranzgrenzen abgesteckt und wissen, wie weit jeder mit seinen persönlichen Freiheiten gehen darf.

3. Sie besitzen ein in alle Einzelheiten ausgearbeitetes »Krisenmanagement«, das in Kraft tritt, wenn Spannungen so gefährlich werden, daß man nicht mehr unvoreingenommen miteinander reden kann.

4. Die Aufgaben sind nach den Fähigkeiten verteilt und nicht nach vorgegebenem Rollenverhalten. Jeder erfüllt in der »Firma Ehe« jene Aufgaben, die er besser kann. Dafür übernimmt er auch die Verantwortung.

5. Zwischen den Partnern sind Kommunikations-Rituale festgelegt, mit deren Hilfe man gemeinsam plant und sich Rechenschaft ablegt.

6. Man trennt die beiden wichtigen »G« des Zusammenlebens: Geschäft und Gefühl.
In der Praxis bedeutet dies, daß die Frau den Mann nicht mit Sex erpreßt oder der Mann sich nicht durch ein teures Geschenk von einem Fehltritt freikaufen muß.

So besehen, ist das langfristige glückliche Zusammenleben eine bewußt vereinbarte Mischung aus Nutzgemeinschaft, gegenseitigem Respekt und einem abgegrenzten Freiraum für die Gefühle, die man füreinander besitzt und erhalten möchte.

Natürlich stellt sich hier die Frage: Wenn diese sechs Punkte die Grundlage des zufriedenen Zusammenlebens sind, wozu soll man dann noch heiraten? Eine berechtigte Frage, mit der sich ja tatsächlich immer mehr junge Leute auseinandersetzen.

Die Ehe als die althergebrachte, in ihren Grundlagen erstarrte Form der Partnerschaft nimmt konkret weder auf die organisatorischen Erfordernisse Bezug noch auf die immer stärker werdende Bedeutung der Gleichberechtigung der Frau.

Wie also hängt die Liebe zwischen zwei Menschen mit dem weitverbreiteten Bedürfnis zusammen, dieses

Gefühl durch eine formale Eheschließung allein dauerhaft zu machen?

Zwei Gründe könnten dafür ausschlaggebend sein:

1. Der Versuch, einen Höhepunkt für alle Zeiten zu konservieren. Eine Absicht, die zum Scheitern verurteilt sein muß, weil die Gefühle zweier Menschen zueinander ohne bewußte Beeinflussung nur kurzfristig außergewöhnliche Höhepunkte herbeiführen können.

2. Der Irrtum, daß auch noch so starke gemeinsame Gefühle das für ein langfristiges enges Zusammenleben notwendige Management ersetzen könnten.

Überlegungen wie diese führen uns wieder zurück zum Ausgangspunkt des Themas »Liebe dich selbst, damit du jemand anderen lieben kannst«. Denn ohne Zweifel gehört zu den Hauptursachen des Scheiterns so vieler Ehen die falsche Annahme, die anfänglichen euphorischen Gefühle füreinander könnten eine gestörte Beziehung zu sich selbst ersetzen.

Wenn zwei Partner sich zusammentun, um gemeinsam im Leben mehr zu erreichen, als sie es allein könnten, dann bedarf es am allerwenigsten der Liebe zwischen ihnen. Vielmehr sind vor allem eine gemeinsame Planung, eine geeignete Aufgabenverteilung und der vereinte Wille notwendig, das Ziel zu erreichen.

Alles Voraussetzungen, die mit Gefühlen wenig zu tun haben. Die andererseits jedoch eine solide Basis dafür sind, einander glückbringend längerfristig zu lieben. Das klaglose funktionieren des Ehe-Managements, die Harmonie des äußeren Zusammenlebens ist der beste Nährboden für die Erhaltung der Gefühle zueinander.

Allerdings, und das scheint vielen arglosen Heiratskandidaten nicht bewußt zu sein, hält die tiefste Liebe zueinander auf Dauer die Belastung nicht aus, wenn die Organisation des Alltags nicht funktioniert. Oder, um es anders auszudrücken: »Wenn im Bett so ausgiebig über die Alltagsprobleme gestritten wird, daß die Liebe keine Chance mehr hat, sich zu entwickeln.«

In einem Lebensschule-Seminar einigten sich die daran teilnehmenden Ehepaare darauf, in ihrem zukünftigen Zusammenleben viel gezielter darauf zu achten, daß die beiden Bereiche »Geschäft/Organisation« und »Gefühle« getrennt werden. Eine Teilnehmerin formulierte es so: »Wir werden versuchen, die Organisation der Ehe im Wohnzimmer abzuhandeln, damit das Schlafzimmer der Liebe vorbehalten bleibt.«

Eine Anregung, die Sie vielleicht ermuntert, Ihre eigene bisherige Ansicht über den Zusammenhang zwischen Liebe und Ehe zu überdenken.

Nehmen Sie sich Zeit dafür.

17. Anregung:

Prüfen Sie, ob Sie nicht in andere Menschen Erwartungen setzen, die Sie selbst nicht erfüllen könnten

Es kann dem Leser nicht oft genug gesagt werden, daß dieser Band kein Rezeptbuch ist, sondern eine Sammlung von Anregungen dazu, über ein Thema selbst nachzudenken. Über das Thema »Liebe dich selbst«.

Wir haben von Kindheit an gelernt, daß es nichts Wichtigeres gibt, als bescheiden und zurückhaltend zu sein, die Mitmenschen zu respektieren, zu gehorchen, hilfreich und opferbereit zu sein.

Sicherlich, in der Zwischenzeit haben wir unsere eigenen Erfahrungen mit diesen Forderungen gemacht, die man ein Leben lang an uns stellt. Aber welche praktischen Schlußfolgerungen haben wir gezogen?

Uns ist klar geworden, daß wir um so mehr ausgenützt werden, je gefälliger wir anderen Leuten gegenüber sind. Gewiegte Geschäftsleute hauen uns übers Ohr, indem sie unsere Angst ausnützen, keine guten, modernen und fleißigen Menschen zu sein.

Wir wissen längst, daß es wirklich an der Zeit wäre, an uns selbst mehr zu denken als an andere und uns nicht mehr so sehr zum Vorteil anderer manipulieren zu lassen. Wir wissen es oder ahnen es zumindest. Aber ringen wir uns zu klaren Entscheidungen durch, fortan unser Leben nach eigenen Vorstellungen zu gestalten?

Zu Entscheidungen wie:

- »Mein eigener Vorteil ist mir wichtiger als das ewige Opferbringen für andere.«

- Oder: »Ich liebe mich selbst mehr als alle anderen Menschen in der Welt und bekenne mich auch dazu.«

- Oder: »Ich habe bis jetzt mit meiner Vorstellung von Liebe immer nur Enttäuschungen erlebt, also entschließe ich mich jetzt dazu, diese Sache einmal neu zu überdenken.«

Und so weiter.

Viele von uns können noch so oft enttäuscht werden, sie versuchen es doch immer wieder aufs neue mit den gleichen Voraussetzungen wie vorher. Dabei müßten sie schon längst wissen, wie der neuerliche Versuch enden wird.

Sich hinsetzen, regelmäßig genügend Zeit nehmen, um über die Erfahrungen nachzudenken, die wir täglich machen, und daraus Schlußfolgerungen für unser zukünftiges Verhalten zu ziehen – das ist es vorwiegend, wozu Sie dieser Band ermuntern will.

Ist es nicht vernünftig, sich zu sagen: »Ich ziehe selbst die Lehren aus meinem Leben? Ich ziehe sie *selbst*, statt immer nur darauf zu warten, bis sich irgendwann das ganz große Glück oder die vielgepriesene große Liebe einstellt.«

In der Zwischenzeit allerdings leben wir an uns selbst vorbei, indem wir uns an Hoffnungen oder Versprechungen klammern, die sich vielleicht nie erfüllen.

Die Hoffnung auf die »ganz große Liebe« erfüllt sich um so weniger, je länger wir darauf warten. Aus einfachen Gründen: Je länger wir die Sehnsucht in unserer Phantasie hegen und pflegen, um so unrealistischer werden die Erwartungen, die wir in den Menschen setzen, der uns diese Sehnsüchte erfüllen soll.

Sehr bald sind die Erwartungen unserer Phantasie für jeden normalen Menschen unerfüllbar geworden.

Und auf Dauer ist auch der charmanteste Millionär als geliebter Partner nichts anderes als ein normaler Mensch.

Erst kürzlich konnte jeder in der Zeitung lesen, wie Verbindungen, die anfangs nach sogenannten Traumehen aussahen, schon bald zu Alpträumen wurden.

Nach der Scheidung beklagten sich die vorher so erwartungsvollen Ehefrauen über ihre ehemaligen Gatten öffentlich auf folgende Weise:

● Joan Kennedy über ihren Mann, den amerikanischen Senator Edward: »Er hat mich nur geheiratet, weil ich noch Jungfrau war. Er machte mich zur Alkoholikerin. Er hat mich betrogen. Der Sex zwischen uns dauerte immer nur fünf Minuten.«

● Anna Jahn, die ehemalige Frau eines deutschen Justizministers: »Er war so geizig, daß bei uns 15 Jahre lang dieselben Gardinen am Fenster hingen.«

● Die deutsche Schauspielerin Beatrice Richter, nachdem sie bei der Scheidung von ihrem Mann, einem amerikanischen Psychiater, 10 Millionen Schmerzensgeld gefordert hatte: »Er hat mich gebissen, geprügelt und gewürgt.«

Mit welchen Erwartungen werden wohl diese – und ungezählte andere Frauen – in die Ehe mit ihren bekannten oder reichen Männern vor den Altar getreten sein?

Eines ist sicher: Es waren Erwartungen, die nicht der Realität entsprachen. Vor allem aber: Es waren Erwartungen, die sie in jemand anderen setzten. Vom *anderen* erwarteten sie alles das, was sie sich wünschten.

Irgendwann einmal stellte sich dann heraus, daß der andere, der alles das tun sollte, was in ihn an übermenschlicher Güte, Rücksicht und Hingabe hineinprojiziert worden war, niemals erfüllen konnte.

Unsere Erwartungen, die wir in andere Menschen setzen, wenn wir uns nach Liebe sehnen – das ist es, was Sie nicht außer acht lassen sollten, wenn Sie über die erfreulichen und unerfreulichen Aspekte der Liebe nachdenken.

Wie steht es damit bei Ihnen?

Was haben Sie vor zehn, zwanzig Jahren von dem Menschen erwartet, der Ihnen nahesteht. Den Sie geheiratet haben?

Was haben Sie sich von ihm erwartet. Und was hat sich davon erfüllt? Ist Ihr ganzes schönes Phantasiegebilde in sich zusammengebrochen, bis nur mehr die nüchterne Realität des Alltags übrigblieb?

Ist die Liebe, die Sie sich erwartet haben, schon längst in Ernüchterung übergegangen? Oder antworten Sie auf diese Frage mit einem übereifrigen: »Keinesfalls, wo denken Sie hin. Es ist zwischen uns alles noch so wie einst.«

Gelegentlich – nicht allzuoft –, aber gelegentlich kann man den Satz hören: »Wir lieben uns nach 30 Ehejahren noch immer genauso wie am ersten Tag.« Es mag sein, daß dies den Tatsachen entspricht. Aber welche Tatsachen sind es?

- Es könnte sein, daß beide Partner gescheit genug waren, sich von diesem Phänomen Liebe von Anfang an nicht allzuviel zu erwarten. So hatte dieses Gefühl in allen diesen Jahren genug Zeit, sich ganz von selbst zu entwickeln. Ungestört von hochgeschraubten Erwartungen.

- Oder zwei Menschen leben so sehr in der Form verhaftet, als daß sie nie zugeben würden, wie unglücklich sie miteinander in Wahrheit sind.

- Natürlich ist es auch möglich, daß zwei Menschen die Liebe so erleben, wie es ihr als ein Gefühl entspricht, das geht und kommt. Heute erlebt man einen gemeinsamen wunderbaren Höhepunkt – morgen wird gestritten, bis die Fetzen fliegen.

Welche Erwartungen setzen Sie nun wirklich in die Liebe?

Sind Sie sich klar darüber geworden?

- Sind es noch immer die romantischen Hoffnungen, die sich nie erfüllen können, weil kein Mensch bereit wäre, sich in diese Ihre Erwartungen zwängen zu lassen wie in ein Korsett?

- Oder erkennen Sie, was dieses Gefühl Liebe wirklich ist und kann – vorausgesetzt, man behandelt es so, wie es notwendig ist?

Wie immer Sie darüber denken, eine Erkenntnis bleibt immer am Schluß Ihrer Überlegungen: Es ist besser, verläßlicher, zielführender und realistischer, mit der Entdeckung der Liebe bei sich selbst zu beginnen, als darauf zu warten, bis jemand anderer Ihr Bedürfnis danach erfüllt.

Wenn Sie die Liebe zuerst bei sich selbst suchen, können Sie Erwartungen und Realität allmählich selbst miteinander in Einklang bringen. Sie können lernen, auf diesem Instrument »Liebe« zu spielen, ohne daß Sie irgend jemand durch Enttäuschung stört.

Letztlich verhält es sich mit der Erwartung, die wir in die Liebe eines anderen Menschen setzen, nicht viel anders als mit den Erwartungen in der Erziehung: Die wirkliche Autorität entsteht durch Vorbild. Ein Mathematiklehrer, der seinen Schülern das Rechnen beibringen wollte, ohne selbst dividieren zu können, würde in seinem Bemühen von vornherein scheitern.

Warum sollte es in der Liebe anders sein?

- Wie sollte ich jemand anderen lieben können, ohne mich selbst zu lieben?

- Ich kann jemandem für einige Zeit Liebe vorspielen. Ich kann ihn – und damit auch mich selbst – täuschen. Aber irgendwann einmal zeigt es sich, wer und was wir wirklich sind. Oder was der andere ist, der uns das gleiche Theater vorspielt.

Ist es deshalb nicht selbstverständlich, daß wir jede Erwartung, die wir in jemand anderen setzen, zuerst selbst erfüllen sollten?

Weniger aus Gefälligkeit dem anderen gegenüber, sondern als nüchterne Erfordernis, die wir uns selbst gegenüber schuldig sind.

18. Anregung:

Spüren Sie dem Einfluß nach, den Treue und Eifersucht auf die Liebe haben

Ein tragischer Aspekt an der Liebe ist der scheinbar unbeirrbare Versuch vieler Menschen, das vergängliche Gefühl Liebe festhalten zu wollen.

Ist das möglich? Wenn ja, unter welchen Voraussetzungen?

Eine der vielversprechendsten Voraussetzungen dafür ist es vermutlich, ganz einfach darauf zu verzichten, die Liebe festhalten zu wollen.

Ich sage mir: »Die Liebe ist vergänglich. Wenn ich darauf verzichte, sie festhalten zu wollen, schalte ich die Angst aus, sie vorzeitig wieder zu verlieren.«

Folgendes könnte auf Grund dieser Entscheidung passieren:

1. Ich setze in die Liebe keine Erwartungen, die sie nicht erfüllen kann, sondern akzeptiere, daß sie nicht ewig dauert.

2. Ich vermeide die Angst, daß sie morgen schon wieder zu Ende sein könnte.

3. Ich setze in eine andere Person keine Erwartungen, die sie auf Dauer doch nicht erfüllen könnte.

4. Ich kann dadurch die Liebe *heute* und jetzt ungetrübt genießen, ohne durch Ängste und Hoffnungen in meiner Spontanität gestört zu sein.

Diese Fähigkeit, die Liebe so zu genießen, wie sie sich mir heute darbietet, entspricht zweierlei:

● Dem Prinzip des Egoismus, nachdem ich mir zubillige, jetzt und hier das Beste aus meinem Leben herauszuholen und dabei zuallererst an mich selbst zu denken.

● Dem Prinzip, mich selbst zuallererst zu lieben, weil ich entschlossen bin, mir die Liebe ohne Einschränkung zu gönnen. Ohne Angst und falsche Erwartungen.

Wie immer Sie es drehen und wenden, wenn Sie mit der Frage nach der Liebe zu sich selbst zu Rande kommen wollen, bleibt es Ihnen nicht erspart, ein Bekenntnis abzulegen. Ein Bekenntnis für sich. Oder, anders ausgedrückt: Die Entscheidung, dem »Ich liebe dich« oder dem »Zuerst liebe ich mich selbst« den Vorzug zu geben. Der Fehler vieler Menschen besteht vermutlich darin, daß sie ein Leben lang diesem Bekenntnis ausweichen. Sie möchten dem natürlichen Instinkt des Egoismus folgen, aber sie haben tausend Einwände. Sie lieben sich, aber sie getrauen sich nicht, sich diese Liebe einzugestehen.

Also tun sie das, was scheinbar einfacher ist: Sie betrügen sich und andere. Sie täuschen etwas vor, von dem sie meinen, daß sie es der Mitwelt schuldig sind, aber das letzten Endes nichts anderes ist als Selbstbetrug.

Sie sagen »Ich liebe dich« nur deshalb, weil sie den Weg zu sich selbst nicht finden. Ist das vielleicht etwas anderes als ein Betrug am anderen? Irgendwann einmal, meist schon sehr bald, wird im täglichen Zusammenleben offenbar, auf welchen tönernen Beinen dieses Schauspiel steht. Wer Tag und Nacht zusammenlebt, schaut sehr bald hinter die Kulissen der Bühne, die wir uns errichtet haben, um nette, freundliche und gute Menschen zu sein.

Unsere Flucht vor uns selbst wird sichtbar, wenn der andere merkt, daß wir gar nicht besitzen, was wir ihm versprochen haben: Liebe.

Wer diese Liebe nicht besitzt, weil er sie nicht an sich selbst entdeckt und entwickelt hat, versucht sie auf die gängige Art und Weise so lange vorzutäuschen, bis sich letzten Endes das Drama der Enttäuschung ganz von selbst vollzieht.

Zu den Instrumenten, Liebe von anderen Menschen zu erzwingen, weil wir sie uns selbst nicht zu geben vermögen, gehören Treue und Eifersucht.

Das Versprechen der Treue ist der von vornecherein zum Scheitern verurteilte Versuch, vom anderen Besitz zu ergreifen, ohne dafür etwas geben zu müssen. Es ist die Verführung zur Selbstverleugnung. Zumindest im Bereich der Liebe. Es bedeutet nichts anderes, als etwas zu versprechen, was niemand versprechen kann: Nämlich: »Ich liebe nur dich. Ich gehöre nur dir. Dafür gehörst du mir.«

Es mag schon sein, daß ein Partner den anderen nicht »betrügt«. Aber ist das, was man als Treue bezeichnet? Man bleibt jemandem treu, weil man ihm ewige Treue geschworen hat, obwohl man längst jemand anderen liebt. Also macht man sich für den Rest des Lebens zur tragischen Figur. Man fühlt, aber man verleugnet sein Gefühl und das Bedürfnis, so fühlen zu dürfen, wie es einem jetzt entspricht.

Wenn die Treue der Zwang ist, sich selbst zu verleugnen, dann ist die Eifersucht nichts anderes als der Versuch, die Unfähigkeit, mit seinen eigenen Gefühlen umzugehen, auf Kosten des anderen zu kompensieren.

Die scheinbar alles rechtfertigende Entschuldigung für die Eifersucht lautet: »Ich liebe dich, aber du erwiderst meine Liebe nicht. Du hast mich getäuscht.«

Wer nicht imstande ist, sich selbst zu lieben, beschuldigt mit seiner Eifersucht den anderen, die Liebe zu mißbrauchen. Wobei es im Grunde genommen gar keine Rolle spielt, ob der andere sie tatsächlich oder nur eingebildet mißbraucht.

Er stellt sie vielleicht nur als Mißbrauch dar, um sich selbst der Verantwortung für seine Eifersucht zu entziehen. Aber wer jemanden tatsächlich liebt, sollte ihm auch zugestehen, eines Tages jemand anderen zu lieben.

Wer sich selbst wirklich liebt, hat diese Liebe als sicheren Ankerplatz der Rückkehr zu sich selbst, wenn ein geliebter Mensch ihn verläßt. Wer sich selbst liebt, kann mit großer Wahrscheinlichkeit besser verstehen, was Liebe für jemand anderen bedeutet.

Und weitergedacht: Wer dieses Verständnis für den anderen aus dem Verstehen seiner selbst bezieht, versucht weder die Liebe eines anderen Menschen durch ein Treueversprechen zu erzwingen noch sie durch Eifersucht zu erpressen.

Eifersucht und Treue, was bedeuten sie Ihnen?

Wie oft haben Sie schon darunter gelitten, weil Sie selbst eifersüchtig waren oder weil andere versucht haben, auf diese Weise den Besitzanspruch auf Sie zu verankern?

Sich selbst zu lieben bedeutet angesichts solcher Angriffe auf unsere Eigenständigkeit mit Hilfe von Treue und Eifersucht letzten Endes nichts anderes als eine wirklich starke Sicherheit. Was immer mir ein anderer auch antut, ich selbst liebe mich.

Das macht es schön für mich, immer wieder zu mir zurückkehren zu können.

Abschließende Bemerkung, ehe Sie diesen Band aus der Hand legen

Ehe Sie diesen Band aus der Hand legen, möchten wir Sie an einige Zusammenhänge erinnern. Vor allem daran, daß es hier nicht darum ging, Ihnen die einzige Wahrheit über das Thema Liebe zu verkünden.

Es gibt keine einzige Wahrheit über die Liebe. Wer versucht, sie uns zu predigen, kann nur ein Scharlatan sein.

Es gibt nur einen Weg, das Phänomen Liebe zu verstehen und zu lernen, damit glückbringend umzugehen: Ihr nicht aus dem Wege zu gehen, sondern sie unvoreingenommen so zu erleben, wie es uns als Einzelperson entspricht.

Dieses Erleben der eigenen Liebe als lebenslange Erfahrung ist nicht nur die vielversprechendste Chance, die wirkliche große und wahre Liebe zu erfahren. Es schafft auch die beste Voraussetzung dafür, andere Menschen zu lieben und auf deren Vorstellungen einzugehen.

Sich selbst zu lieben, so wird in diesem Band unermüdlich behauptet, ist ein realistischer Weg, das Phänomen Liebe zu verstehen. Auf diese Weise schaffen wir erst die Voraussetzung dafür, andere lieben zu können.

Diese Behauptung, das ist vorauszusehen, wird bei manchen Lesern auf Widerstand stoßen.

Das ist gut so.

Provokation und Widerstand ermuntern zum Nachdenken. Nachdenken bringt Dinge in Bewegung. Im Trubel des Lebens in dieser hektischen Zeit werden die meisten Menschen nicht mehr zum Nachdenken über sich selbst ermuntert, sondern dazu, sich anzupassen, einzuordnen und sich so zu verhalten, wie »man« sich verhält.

Liebe ist kein Aspekt unseres Lebens, der für sich allein steht. Sie ist ein Teil unserer Persönlichkeit, die wir in drei Ebenen sehen können:

● Geist

● Emotion

● Körper

Alle drei sind die Grundlage der Realität unseres Lebens. Wenn wir imstande sind, sie in Harmonie miteinander zu bringen, schaffen wir vermutlich die optimalen Voraussetzungen für das, was wir möchten: An jedem Tag so glücklich zu sein, wie es uns möglich ist.

Liebe ist nicht Gefühl allein. Wer körperlich krank ist, wird Liebe nicht so glücklich empfinden können wie jemand, der gesund ist. Wer seinen Geist nicht dazu einsetzt, alles über die Liebe zu erfahren, was er wissen sollte, kann mit dem Vorwand der Liebe weniger manipuliert werden als jemand, der arglos ist.

Alles, was in diesem Band an Überlegungen, Behauptungen und Erfahrungen mitgeteilt wurde, sollte den Leser dazu ermuntern, ein Experiment mit sich zu beginnen. Das Experiment eines gestärkten Ich-Bewußtseins. Nach dem Motto: »Ich bin der Anfang aller Dinge in meinem Leben. Was immer ich verwirklichen möchte, beginnt bei mir selbst. Die Revolution, die ich in Gang bringen möchte, beginnt bei mir selbst. Jede Veränderung, die ich mir wünsche, beginnt bei mir. Auch die Liebe.«

Das ist die Philosophie aller bisher erschienenen acht Bände.

Wir leben in einer Zeit der vollkommenen Information, der freizügigsten Aufklärung und der größten Möglichkeiten für den einzelnen. Trotzdem zögern unendlich viele Menschen, diese Chance zu ergreifen. Sie suchen Schutz in der Gemeinschaft, ordnen sich ein, solidarisieren sich, vertrauen auf Staat und Institutionen.

Sie vertrauen auf andere, damit sie ihnen sagen, was wahr und richtig ist, was sie denken, kaufen und glauben sollen.

Letzten Endes stehen wir dabei doch immer wieder vor der Entscheidung: Tun wir das, was wir selbst wollen, oder orientieren wir uns danach, was andere uns einreden.

Wenn wir das Leben führen, zu dem andere uns mit allen Mitteln der allumfassenden Manipulation verleiten, bleibt uns nichts anderes übrig, als den Preis zu bezahlen, den man von uns verlangt. Dieser Preis ist ein hohes Maß an Selbstaufgabe.

Wenn wir uns aus dieser Umklammerung der Abhängigkeit befreien möchten, weil das Unbehagen in uns zu stark geworden ist, genügt es nicht, den einen oder anderen Aspekt unseres Lebens zu ändern.

Wir müssen eine grundsätzliche Entscheidung fällen. Die Entscheidung zum gesunden Egoismus.

Das bedeutet:

- Wir bekennen uns zu uns selbst.

- Wir planen unser Leben selbst.

- Wir erkennen selbst unsere Bedürfnisse.

- Wir lernen, uns vor Manipulation zu schützen.

- Wir überdenken unser Leben neu. Unseren Job, unsere Partnerschaften und den Glauben an uns selbst.

- Und wir lernen, uns selbst zu lieben. Als die erfolgversprechendste Voraussetzung dafür, andere ohne falsche Erwartungen lieben und deren Liebe empfangen zu können.

Wenn Sie dieser Band auch nur zu einem ersten kleinen Schritt auf diesem Wege ermuntern konnte, freut dies niemanden mehr als alle, die daran mitgearbeitet und ihre Erfahrungen beigesteuert haben.

Knaur

NEUE WEGE WAGEN

Menschen, die »mit dem Leben fertig werden«, sind eigentlich Unmenschen.

Heinrich Böll

Kubelka, Susanna
Ich fange noch mal an
Glück und Erfolg in der zweiten Karriere. Dieses Buch ist für alle geschrieben, die nicht in Schablonen denken und sich nicht mit vorgegebenen Lebensformen begnügen wollen. 208 S. [7663]

Kubelka, Susanna
Endlich über vierzig
Der reifen Frau gehört die Welt. Susanna Kubelka widerlegt alte Vorurteile und zeigt die Stärken und Vorzüge der reiferen Jahrgänge. Ihre amüsanten und ermunternden Attacken auf überholte Vorstellungen garantieren anregende Lektürestunden; sie zeigen darüber hinaus den Weg zu einem neuen weiblichen Selbstbewußtsein.
Ca. 288 S. [3826]

Sheehy, Gail
Neue Wege wagen
Ungewöhnliche Lösungen für gewöhnliche Krisen. Gail Sheehy, Autorin des Bestsellers »In der Mitte des Lebens« zeichnet Portraits von Frauen und Männern, die mit Mut und Kraft einen neuen Anfang gewagt haben.
640 S. [3734]

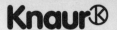

Hilf dir selbst, sonst hilft dir keiner
Die Kunst, glücklich zu leben. 176 S. [7610]

Die Kunst, ein Egoist zu sein
Egoisten sind bessere Menschen, denn sie beherrschen die Kunst, glücklich zu leben.
192 S. [7549]

Die Kunst, ohne Angst zu leben
Wie man lernt, um seine Freiheit zu kämpfen.
224 S. [7689]

Die Kunst, ohne Überfluß glücklich zu leben
Das große Abenteuer unserer Zeit. 144 S. [7647]

Manipulieren – aber richtig
Die acht Gesetze der Menschenbeeinflussung. Eine Anleitung des Sich-Durchsetzens, des erfolgreichen Heraustretens aus der Masse der Passiven, der ständig Manipulierten.
144 S. [7442]

So hat man mehr Spaß am Sex
Die sieben praktischen Regeln, wie man das Liebesspiel spielt, ohne viel darüber zu reden.
112 S. [7719]

So lebt man glücklich – ohne Heirat
Das Buch zeigt: Nicht der Trauschein macht eine glückliche Beziehung aus, sondern einige grundlegende Prinzipien, die jeder mittels dieser Lebensschule erlernen kann.
96 S. [7740]

So macht man auf sich aufmerksam
Unbeachtet und frustriert? In diesem Band der Lebensschule finden interessierte Leser ausreichend Anregungen, an ihrem Leben einiges zu ändern. 96 S. [7741]

Josef Kirschner

So nutzt man die eigenen Kräfte besser
Dieser Lebenshilfe-Band enthält zahlreiche Anregungen, wie jeder seine eigenen Kräfte nutzen kann, statt immer nur nach Tabletten oder fremder Hilfe zu greifen.
96 S. [7742]

So lernt man, sich selbst zu lenken
Sechs einfache Techniken, sein Leben zu ändern. Unter uns leben Heerscharen von unzufriedenen Menschen, die ein völlig anderes Leben führen möchten. Aber sie unternehmen nichts. Kirschner zeigt, wie es geht.
96 S. [7718]

So plant man sein Leben richtig
Neun Schritte zu einem selbstbewußteren Leben. »Sie selbst sind dafür verantwortlich, ob ein Plan Ihr Leben grundlegend verändert. Oder ob Sie – von Zweifeln und Bequemlichkeit verleitet – mitten in Ihrem Vorhaben aufgeben.« 112 S. [7720]

So lernt man, sich selbst zu lieben
Der Autor handelt nach dem Prinzip: »Ehe Sie jemand anderen lieben können, sollten Sie lernen, sich selbst zu lieben. Sonst wird die Liebe zu anderen Menschen nichts anderes als eine Alternative zur Unfähigkeit, mit sich selbst in Frieden zu sein.«
96 S. [7743]

So wehrt man sich gegen Manipulation
Manipuliert wird der Mensch in allen Bereichen des Lebens: im Beruf, in der Politik, ja sogar im Privatleben. Kirschner zeigt Strategien und Techniken, wie man sich dagegen wehren und seine Freiheit zurückerobern kann.
112 S. [7717]

Josef
Kirschner

Knaur

Liebe ist mehr als ein Wort…

»Liebe ist die einzige Sklaverei, die als Vergnügen empfunden wird.«
George Bernard Shaw

**Schönberger, Margit
Rettet uns den Mann!**
Ein Leitfaden für Frauen, die auf eigenen Füßen stehen und dennoch in Männerarmen liegen wollen. 288 S. [7698]

**Greenwald, Dorothy und Bob
Manchmal kann ich Dich nicht ausstehen**
Wie man trotzdem eine gute Ehe führt. Dieses Buch ist ein Ehe-Kurs, der viele leer und hohl gewordene Partnerschaften mit neuem Sinn erfüllen kann.
160 S. [3744] DM 7,80

**Melzer, Wilhelm
Der frustrierte Mann**
Die Krise des Patriarchats.
336 S. [3701]

**Senger, Gerti
Gute Männer sind so!**
Es wurde noch nichts Besseres erfunden. Männern sowie Frauen wird dieses mit einem Schuß Humor geschriebene Sachbuch, das auf den Erkenntnissen neuester Sexualwissenschaft und angewandter Psychologie beruht, helfen, sich besser zu verstehen und richtig zu behandeln.
208 S. [7680]

Was heißt schon frigid!
Intimsachen, die auch jeder Mann kennen sollte.
Gerti Senger macht in diesem Buch klar, daß jede orgasmusgestörte Frau lernen kann, den Weg zu sexueller Erfüllung zu finden. Eine »Liebesschule« für Frauen, die auch jeder Mann kennen sollte. 208 S. [7681]